KB214813

당신은 바다에다

길을 내시고

깊고 많은 물에다

작은 길들을 내시어도

아무도 그 흔적을

모르나이다

_ 시편 77편 20절

당신은 바다에 많은 길을 내시어도

—

1판 1쇄 펴냄 2024년 12월 1일

지은이 김기석
펴낸이 한종호
펴낸곳 꽃자리
디자인 임현주
인쇄·제작 미래피앤피

출판등록 2012년 12월 13일
주소 경기도 의왕시 백운중앙로 45, 207동 503호(학의동, 효성해링턴플레이스)
전자우편 amabi@hanmail.net
블로그 http://fzari.tistory.com

—

ISBN 979-11-86910-56-6 03230
값 20,000원

당신은 바다에
많은 길을
내시어도

김기석 지음

꽃자리

날마다, 순간마다
하늘에 길을 묻지 않으면

"별이 빛나는 창공을 보고 갈 수가 있고 또 가야만 하는 길의 지도를 읽을 수 있던 시대는 얼마나 행복했던가? 그리고 별빛이 그 길을 훤히 밝혀주던 시대는 얼마나 행복했던가?"

게오르크 루카치가 《소설의 이론》에서 한 말이다. 옛사람들은 북극성을 가리켜 '거기소'(居其所)라 했다. 늘 그 자리에 있다는 말이다. 변함없이 그곳에 있기에 항해자들은 북극성을 보며 자기 위치를 가늠했다. 먼 바다로 나갔다가도 때가 되면 모천으로 회귀하는 연어떼, 장거리 비행을 하면서도 가야 할 곳을 잊지 않는 철새들, 꿀이 있는 곳으로 정확히 날아가는 벌들은 어떻게 길을 찾는 것일까?

운전자들은 GPS의 도움으로 가야 할 곳을 정확히 찾아갈 수 있게 되었다. 하지만 인간은 길을 잃기 일쑤이다. 우리가 이 세상에 왜 왔는지, 어떤 존재가 되어야 하는지, 어디를 향해 가야 하는지 알지 못한 채 시간의 강물 위를 떠돌

당신은 바다에

많은 길을   내시어도

고 있다. 왜 살아야 하는지 아는 사람은 어떻게든 살 수 있다는 말이 있다. '왜?'라는 질문에 대한 답은 각자 찾아야 할 뿐 아무도 제시해줄 수 없다.

기도는 간절히 바라는 바를 하나님께 청하는 일이기도 하지만, 마땅히 걸어야 할 삶의 길을 하나님께 여쭙는 일이기도 하다. 하늘에 길을 조회할 때 중력처럼 우리를 아래로 잡아당기는 욕망의 인력이 느슨해진다. 자아의 감옥으로부터 벗어나려는 사람은 기도하지 않을 수 없다. 욕망의 문법이 충돌하는 일상 속에서 바장이다보면 마땅히 있어야 할 자리에서 멀어지고 있음을 아득히 깨닫곤 한다. 날마다, 순간마다 하늘에 길을 묻지 않으면 표류할 수밖에 없다.

기도는 우리 삶 전체를 하나님 앞에 드러내 보이는 일이다. 기쁨과 슬픔, 희망과 절망, 권태와 열정, 우리 마음을 뒤흔드는 파괴적 분노까지도 주님께 내보일 때 치유가 시작된다. 일상에서 벌어지는 모든 일들을 하나님께 가져갈 때 일상은 돌연 하나님의 마음과 만나는 현장이 된다. 굳이 유창한 언어가 아니라도 괜찮다. 주저하고 머뭇거리는 언어면 어떤가? 우리가 기도를 바치는 대상은 땅에서 들려오는 신음소리조차 기도로 들으시는 분이다.

매일 아침 성경 말씀을 읽고 묵상하면서 쓴 짧은 기도문을 엮었다. 이것은 기도의 전범이 아니다. 일상과 말씀이 만나는 지점에서 저절로 터져 나온 짧은 신음인 동시에 질문이다. 길을 잃지 않으려는 몸부림이다. 이 작은 책이 누군가에게 기도를 시작할 용기를 북돋을 수 있으면 좋겠다.

당신은 바다에

많은 길을   내시어도

1월

예수님을 예수님 되게 한 것은 기도입니다. 분주함 가운데서도 한적한 곳을 찾아가 기도하는 예수님의 모습이야말로 우리 삶의 모범입니다. 예수님의 모든 행적의 뿌리를 거슬러 올라가 보면 그것은 모두 기도의 골방에 이르게 됩니다. 기도는 하나님의 능력이 우리에게 전달되는 통로입니다. 기도는 무뎌진 우리 영혼을 하나님의 마음이라는 숫돌에 벼리는 일입니다. 기도는 무너진 우리 마음의 토대를 수리하는 일입니다. 기도는 우리의 일상적인 삶을 영원에 비끌어매는 행위입니다. 기도하지 않으면 평생 남의 장단에 춤추다 생을 마치게 됩니다.

1

하나님,
봄 여름 가을 겨울 사계절의 변화는
주님의 숨을 보여줍니다.
주님께서 호흡을 불어넣으시면 만물은 깨어나고,
호흡을 거두어 가시면 다 흙으로 돌아갑니다.
인류의 첫 사람에게 생기를 불어넣으신 주님은
지금도 우리 속에 숨을 불어넣고 계십니다.
살아있음이 곧 은총입니다.
하지만 우울한 세상에 사느라 우리는 지쳤습니다.
이제 주님의 숨을 깊이 들이 마시고 싶습니다.
하늘을 자유롭게 날며 아름다운 노래를 부르는 새들처럼
절망과 좌절의 나락에서 솟구쳐 올라
희망의 노래를 부르고 싶습니다.
우리를 긍휼히 여겨 주십시오. 아멘.

당신은 바다에

많은 길을   내시어도

2

하나님,

요람 속의 아기가 혼자 벙싯벙싯

웃는 모습을 볼 때마다,

저는 그 아기가 속한 본원적 세계에

영원히 당도할 수 없을지도 모른다는 생각에

마음이 아뜩해지곤 합니다.

세월은 이렇게 우리에게서 기뻐하는 능력을 앗아갔습니다.

하지만 주님을 생각할 때마다

염려와 근심의 꺼풀이 조금씩 벗겨짐을 느낍니다.

이제는 깊은 곳에서 솟아나는 기쁨으로

주변 세계를 물들이고 싶습니다.

우리를 주님의 도구로 삼아주십시오. 아멘.

3

하나님,

귀질긴 우리들은

하나님의 세미한 음성을 가려듣지 못합니다.

세상 소음에 익숙한 우리 귀는

이웃들의 억눌린 신음소리조차 듣지 못합니다.

그래서 점점 무정한 사람으로 변해가고 있습니다.

드라마를 보며 눈물을 짓기는 하지만,

현실 속에서 만나는 이웃들의 눈물은 한사코 외면합니다.

주님, 우리 속에서 굳은살과 같은 마음을 도려내 주시고

새 살과 같은 마음을 심어주십시오.

주님의 자비로우심과 같이

우리도 자비로운 사람이 되게 해주십시오. 아멘.

당신은 바다에

                              많은 길을   내시어도

하나님,

한껏 기뻐하며 살고 싶지만

알 수 없는 피곤함이 우리 마음을 지배하고 있습니다.

동료들과 더불어 삶을 경축하며 살고 싶지만

축제의 능력을 잃어버린 우리는

서로에게 상처를 입히기 일쑤입니다.

이제는 허망한 열정에서 벗어나

주님이 주시는 고요함을 누리고 싶습니다.

하나님과의 친밀한 교제를 통해

삶의 활기를 되찾고 싶습니다.

주님의 숨결을 불어넣으시어

우리 마음이 하늘의 생기로 가득 차게 해주십시오. 아멘.

하나님,
세상에는 우리가 이해하지 못할 일들이
너무 많이 일어납니다.
착하고 성실하게 사는 이들이 고통을 당하고,
악인들이 의기양양하게 거리를 활보합니다.
비통한 눈물을 흘리는 이들을 조롱하는 이들도 있습니다.
그런 일을 만날 때마다
사람 지으신 것을 후회하셨던
주님의 마음을 알 것 같습니다.
주님, 그럼에도 불구하고 끝끝내 선을 택할 수 있는 용기를
우리 속에 심어주십시오. 아멘.

6

하나님,

우리 손에 들린 열쇠가 무겁기만 합니다.

가끔 우리는 그 열쇠를 잠그는 데 사용하고 싶은

욕망에 시달립니다.

그런데 주님은 그 열쇠를 푸는 데 사용하라 하십니다.

이런저런 일들로 상처를 입은 우리 마음은

점점 좁아져 이웃을 위한 여백이 거의 없습니다.

주님, 우리 마음을 넓혀주십시오.

그리고 이웃을 따뜻한 눈으로

바라볼 수 있게 해주십시오. 아멘.

7

하나님,
자기가 하는 일을 정말 좋아하는 이들을 만나면
덩달아 마음이 밝아집니다.
그러나 대부분의 사람들은
자기가 어떤 일을 좋아하는지도 알지 못합니다.
오랫동안 의무의 감옥에 갇혀 살았기 때문입니다.
어떤 때는 정말 하고 싶지 않은 일을
해야 할 때도 있습니다.
그러나 누군가의 요구에 응답하는 일은 괴롭지만
깊은 보람을 우리에게 안겨줍니다.
주님, 십자가의 길은 유쾌하지 않습니다.
그러나 우리를 생명으로 인도합니다.
비록 비틀거릴지라도 그 길에서 벗어나지 않게 해주십시오.
아멘.

당신은 바다에

많은 길을   내시어도

8

하나님,
분주함이 신분의 상징처럼 된 세상에
우리는 맑고 깊은숨을 쉬지 못합니다.
늘 시간에 쫓겨 허덕이며 살지만,
가슴 뿌듯한 기쁨을 누리지도 못합니다.
메마른 영혼과 영혼이 만나면
늘 팽팽한 긴장이 빚어집니다.
그래서 현실에서 벗어나 어딘가로
도피하고 싶은 생각이 들 때도 많습니다.
주님, 이런저런 욕망이 명멸하는
우리 영혼을 정화시켜 주십시오.
그래서 하늘로부터 공급되는
깊은 안식을 누리며 살게 해주십시오. 아멘.

9

하나님,
발서슴하며 이리저리 헤매보지만
희망의 불빛은 좀처럼 보이지 않습니다.
사람에게 희망을 걸었다가 실망하기 일쑤였습니다.
이런 일이 반복되면서 우리는
역사 허무주의에 빠지기도 합니다.
그러나 허무주의는 우리를 더 큰 절망으로 몰아갑니다.
세상이 뭐라 하든 이제 작은 희망이 되기 위해
노력하겠습니다.
주님의 말씀과 인격과 만나 새로운 존재로
빚어지길 소망합니다.
우리를 불쌍히 여겨주십시오. 아멘.

당신은 바다에

많은 길을   내시어도

하나님,
성경에 등장하는 바리새파 사람들을
볼 때마다 속상합니다.
경건을 권위로 삼으려는 그들의 마음이
느껴지기 때문입니다.
하지만 정직하게 돌아보면
우리도 그들보다 나을 것이 하나도 없습니다.
우리 또한 자아를 세상의 중심에 놓으려 하니 말입니다.
진리를 따른다고 하면서도
한사코 진리를 멀리하는 우리를 불쌍히 여겨주십시오.
아멘.

하나님,
'나'의 있음이 하나님의 마음을
아프게 해드리고 있는 것은 아닌지요?
빛을 사모한다고 말하면서도
우리는 욕망의 어둠 속에 몸을 숨기곤 합니다.
세상의 인력에 속절없이 이끌리다 보니
우리 속에 있는 사랑의 샘물이 고갈되었습니다.
이웃들은 우리 가슴에서 빈 두레박을 들어 올릴 뿐입니다.
주님, 온 세상의 아픔과 슬픔을 다 부둥켜안으셨던
예수 그리스도의 마음을 우리 속에 심어주십시오. 아멘.

당신은 바다에

많은 길을   내시어도

12

하나님,
고통은 가끔 우리 삶을
받침조차 없는 허방 위에 세우곤 합니다.
혼돈과 흑암이 마음을 가득 채울 때,
우리는 다만 울 수밖에 없습니다.
그러나 손 내밀어주는 이가 아무도 없는 것처럼
보일 때에도
주님은 언제나 우리 곁에 계십니다.
절망의 심연이 우리를 끌어당길 때도
주님은 우리 손을 꼭 붙들어주십니다.
그 사랑에 의지하여 고통 너머의 세상을 바라보겠습니다.
아멘.

13

하나님,
예수님을 믿는다고 고백하는 이들은 많지만,
예수님의 마음으로
사람들을 대하는 이들은 만나기 어렵습니다.
신자들의 삶과 고백의 분리로 인해
주님의 이름이 세상에서 더럽혀지고 있습니다.
힘겹더라도 우리의 신앙고백을
삶으로 번역하며 살고 싶습니다.
주님, 우리 속에 주님의 숨결을 불어넣어 주십시오. 아멘.

당신은 바다에

많은 길을   내시어도

하나님,

환하게 피어나는 꽃을 보면

우리 마음도 환해집니다.

땅에 떨어져 짓밟히는 꽃잎을 보면

그 무상함 때문에 슬퍼집니다.

주님은 우리 속에 아름다운 가능성을 심어주시면서

'꽃을 피워라' 명하셨습니다.

하지만 우리는 처리해야 할 많은 일에 치인 채

내면의 꽃을 제대로 가꾸지 못하고 있습니다.

피곤함과 우울함이 우리를 확고히 감싸고 있습니다.

이제는 벗어나고 싶습니다.

우리에게 우리의 날 세는 법을 가르쳐 주십시오.

선물처럼 주어진 인생의 남은 때를

가장 아름답게 살아내게 해주십시오. 아멘.

15

하나님,

주님은 오른손이 하는 일을

왼손이 모르게 하라고 이르셨습니다.

그렇게 해보려고 노력하지만 쉽지는 않습니다.

누군가가 그 선행을 알아주었으면 하는

바람이 크기 때문입니다.

때로는 누군가를 돕는 행위가

우리의 자아를 강화할 때도 있고,

타자에게 굴욕감을 안겨줄 때도 있습니다.

다비다는 아무 말도 하지 않지만,

많은 이들이 그의 덕행을 기리고 있습니다.

그런 조용한 섬김으로 세상에

온기를 불어넣는 사람들이 되게 해주십시오. 아멘.

당신은 바다에

많은 길을   내시어도

하나님,

주님의 신실한 종 어거스틴은

자기 속으로 구부러진 인간의 현실을

"진리를 피하면서 찾는다"는 말로 표현했습니다.

마음으로는 순결하고 정직한 삶을 지향하지만

우리 몸은 습관처럼 욕망의 방향으로 기울어집니다.

바람과 현실 사이의 이 모순 때문에

우리는 깊은 자괴감을 느낍니다.

주님의 은총이 아니고는 이 모순을 극복할 수 없습니다.

주님, 말씀으로 우리의 굳어진 자아를 깨뜨려주시고,

우리 속에 새로운 심령을 심어주십시오. 아멘.

17

하나님,
윤동주 시인은
"내가 사는 것은, 다만, 잃은 것을 찾는 까닭"이라고
노래했습니다.
그런데 우리는 무엇을 잃어버렸는지도 모른 채
세상 길을 배회합니다.
마음의 중심을 잃어
우리는 욕망 주위를 그저 맴돌며
그것이 삶인 줄로 여기고 있습니다.
온유하지만 정신의 날이 시퍼렇게 살아있는
다니엘과 그 친구들의 모습은
안일에 길들여진 우리 삶의 누추함을 비추는 거울입니다.
주님, 하나님을 경외함이 우리 삶의 중심이
되기를 소망합니다.
우리의 믿음 없음을 긍휼히 여겨주십시오. 아멘.

당신은 바다에

많은 길을   내시어도

하나님,

사도들은 우리가 땅에 살고 있지만

땅에 속한 존재가 아니라고 말합니다.

오직 우리의 시민권은 하늘에 있다고도 말합니다.

그러한 자각이 우리 삶을 지탱해주는 힘이

될 때가 많습니다.

하지만 질척거리는 욕망의 벌판에서 사는 동안

하늘을 잊을 때가 많아 우리는

'이스라엘'이 아니라 '야곱'처럼 살고 있습니다.

절름거리면서도 하나님의 얼굴을 보며 걸었던

야곱이 누린 복을

우리에게도 허락하여 주십시오. 아멘

19

하나님,
사방을 둘러보아도 희망의 빛이 보이지 않습니다.
돈이라는 하나의 가치가 다른 모든 가치를
삼키고 있습니다.
초월의 관점에서 역사의 방향을 제시해야 할 종교조차
욕망의 벌판을 질주할 뿐입니다.
주님의 몸이어야 할 교회는 자기 확장에 몰두할 뿐입니다.
누가 이 문제를 해결할 수 있는지
두리번거리지 않겠습니다.
부족할망정 우리가 먼저 바로 서겠습니다.
이런 우리의 결심이 흔들리지 않도록
우리를 붙들어주십시오. 아멘.

하나님,
행복을 간절히 원하지만
우리는 행복을 누리지 못합니다.
다가서면 그만큼 멀어지는 카프카의 성처럼
행복은 늘 저만치 떨어져 있습니다.
행복은 어쩌면 신기루인지도 모르겠습니다.
이제는 욕망의 허구렁을 채우느라
삶을 탕진하는 사람이 되고 싶지 않습니다.
이미 우리에게 주어진 삶이 은총임을 깨닫게 해주십시오.
은총에 눈뜬 사람들과 깊이 연대하며
지금을 한껏 누리며 살게 해주십시오. 아멘.

하나님,
우리는 하루에도 몇 번씩
믿음의 길에서 벗어나곤 합니다.
가야 할 길을 분명히 알고 있다고 말하면서도
길을 잃기 일쑤입니다.
여호수아는 참 한결같은 사람이었습니다.
내적인 고뇌가 왜 없었겠습니까만
그는 주님의 말씀을 굳게 붙들고
그 말씀을 살아내는 일에 목숨을 걸었습니다.
응석받이 신앙생활에서 이제는 벗어나고 싶습니다.
우리도 주님의 뜻을 수행하는 전사가 되게 해주십시오.
우리 속에 주님의 숨을 불어넣어 주십시오. 아멘.

많은 길을   내시어도

22

하나님,
옹알이를 하는 아기들을 봅니다.
우리는 무슨 말인지 도무지 알아듣지 못하지만
엄마는 그 비언어적 언어를 다 알아듣습니다.
그 차이는 깊은 사랑일 겁니다.
우리가 누군가를 사랑하면
그가 발설하지 않은 말까지 알아듣습니다.
홍수 때에 마실 물 없다는 옛말처럼
말이 넘치는 시대에 살고 있지만
참말은 만나기 어렵습니다.
가까운 이들이 무심코 던진 말에
상처를 입기도 하는 우리들입니다.
이제는 살리는 말, 생명을 일깨우는
말을 하며 살고 싶습니다.
침묵의 우물에서 맑은 샘물을 길어 올리는
지혜를 허락하여 주십시오. 아멘.

23

하나님,

살면서 절감하게 되는 것은

"열 길 물속은 알아도 한 길 사람 속은 알 수 없다"는

말입니다.

세월이 가면 삶이 환해질 줄 알았습니다.

그러나 삶은 여전히 오리무중입니다.

하물며 유한한 인간이 무한하신 하나님을

어찌 알 수 있겠습니까?

우리는 모두 부분적으로만 아는 사람들입니다.

주님, 겸허하게 우리의 한계를 인정합니다.

하오니 주님, 마땅히 가야 할 길로 우리를 이끌어 주시고,

주님이 기뻐하시는 일을 우리도 기쁘게 해주십시오.

아멘.

당신은 바다에

많은 길을   내시어도

24

하나님,

만날 때마다 우리 마음이 절로 따뜻해지고

생이 참 아름답다고 느끼게 만드는 사람이 있습니다.

우리 나태함을 자각하게 만드는 이들도 있습니다.

반면 그를 만나고 나면 마음이 우울해지고,

세상을 비관적으로 보게 만드는 이들도 있습니다.

우리를 가리켜 '그리스도께서 쓰신 편지'라 하심을

도무지 감당할 수 없습니다.

우리 삶의 부박함을 잘 알기 때문입니다.

하지만 이제부터라도 그 이름에 합당한 삶을

살기 위해 노력하겠습니다.

우리 속에 주님의 마음을 심어주십시오. 아멘.

하나님,

옛사람은 경외하는 마음을 품고, 이치를 궁구하며,

이드거니 한 자리에 머물라 가르치지만,

우리는 바람에 흔들리는 부평초처럼

이리저리 나부끼며 살고 있습니다.

행복을 찾아 떠난 여행길에서 우리는

피곤함만 느끼고 있습니다.

이제는 부박한 삶에서 벗어나고 싶습니다.

하나님의 마음이라는 깊은 샘에 두레박을 드리우고,

그곳에서 길어낸 샘물로 마른 목을 축일 뿐 아니라,

목마름으로 허덕이는 이웃들에게도 잔을

건네며 살고 싶습니다.

이런 우리의 결심이 흔들리지 않도록 꼭 붙들어주십시오.

아멘.

26

하나님,

말이 넘치는 세상에 사느라 우리는 지쳤습니다.

따뜻하고 소박한 말을 듣기 어려운 시절입니다.

눈을 감고 귀를 막고 산다면 모르겠지만,

거친 말과 폭력적인 말들이 난무하는 세상에서

우리 영혼은 찢기고 있습니다.

우리는 모두 존재로서 말하는 사람입니다.

우리가 사는 모습 자체가 세상을 향한

우리의 말 걸기입니다.

데살로니가 교인들은 겸손하지만

당당한 삶으로 주변 세계에 깊은 영향을 끼쳤습니다.

우리도 삶으로 그리스도의 향기를 드러낼 수 있도록

이끌어 주십시오. 아멘.

하나님,

능력 있는 이웃과 잘 지내는 일은 어렵지 않습니다.

그러나 늘 누군가의 도움을 필요로 하는 이웃과

함께 지내는 것은 참 고단합니다.

그들의 배고픔을 외면하기 어려우니 말입니다.

우리는 일쑤 그들을 외면하며 삽니다.

차라리 모르면 양심의 괴로움에

시달리지 않아도 되기 때문입니다.

생각해보니 이런 우리 모습이 강도 만난 사람을 보고도

모른 체 지나쳤던 이들과 다를 바 없음을 알겠습니다.

위선과 무정함의 수렁에서 우리를 건져주십시오.

있는 힘껏 선을 행하며 살게 해주십시오. 아멘.

당신은 바다에

많은 길을   내시어도

28

하나님,

푯대이신 주님을 바라보며 걷는다 하면서도

한눈을 팔 때가 많습니다.

방심한 사이에 우리는 마땅히 가야 할 길을 벗어나

엉뚱한 길로 나아가곤 합니다.

어느 순간 화들짝 놀라 삶의 방향을 되돌려 보려 하지만,

이미 몸과 마음에 밴 습성이 우리를 놓아주질 않습니다.

우리를 바른길로 되돌려주실 분은 주님뿐이십니다.

가시나무로 길을 막고 담을 둘러쳐서라도

우리가 헛된 것들을 따라가지 않도록 지켜주십시오.

주님, 더디더라도 주님을 따라 걷고 싶습니다.

우리를 버리지말아 주십시오. 아멘.

하나님,
우리는 성도답게 살기를 갈망하지만
현실의 벽에 부딪혀 번번이 넘어지곤 합니다.
이제는 넘어진 자리를 딛고 일어나
다시금 평화 세상을 열기 위해 땀 흘리겠습니다.
미움보다 사랑이 강하다는 것을 몸으로
입증하며 살게 해주십시오.
그러나 진정한 평화는 하나님의 선물임을 잊지 않겠습니다.
현실이 어렵다고 하여 투덜거리기보다는
뿌리 깊은 세상의 상처를 치유하기 위해 노력하겠습니다.
주님, 우리 속에 평화에 대한 확고한 믿음을 심어주십시오.
아멘.

당신은 바다에

많은 길을   내시어도

하나님,

어릴 때부터 네 편 내 편 가르는 일에

익숙해진 우리는

여간해서는 낯선 이들에게 곁을 내주지 않습니다.

지금도 주님은 세상의 가장 작은 자의 모습으로 오고 계신

데, 주님을 알아볼 눈이 우리에게 없습니다.

교인들이 있는 곳이 교회가 아니라,

주님이 계신 곳이 교회임을 잊지 않게 해주십시오.

추수할 것은 많은 데 일꾼이 부족하다고 하신 주님,

우리가 여기 있습니다.

우리를 주님의 도구로 써주십시오.

생각과 일하는 방식이 조금 다르더라도

생명을 풍성하게 하려는 지향이 분명한 이들과

기꺼이 연대할 수 있는 용기를 심어주십시오. 아멘.

하나님,
우리 마음을 어지럽히는 욕심을 여의고
맑고 깨끗한 향기를 풍기며 살고 싶습니다.
어둠에 속한 행실을 벗어버리고
빛의 갑옷을 입은 채 살고 싶습니다.
그러나 이런 바람과는 달리
우리는 비릿한 악취를 풍기며 살고 있습니다.
여전히 세상의 인력에 이끌리기 때문입니다.
세례자 요한이 누린 그 홀가분한 자유를
우리도 누리고 싶습니다.
한정 없는 방황을 멈추고
오직 주님께만 마음을 바치며 살게 해주십시오.
"그는 흥하여야 하고, 나는 쇠하여야 한다"는
요한의 말을 가슴에 새긴 채 살게 해주십시오. 아멘.

기도는 우리 생의 중추입니다. 진실한 기도는 누군가에게 들려주기 위한 행위가 아닙니다. 마음이 담기지 않은 채 화려하기만 한 기도는 생명력이 없습니다. 물 흐르듯 유창한 기도를 부러워하지 마십시오. 떠듬대더라도 진정이 담긴 기도는 하늘을 움직입니다. 기도는 은밀해야 합니다. "골방에 들어가라"고 말씀하시는 까닭은 그곳에서라야 아무의 눈길도 의식하지 않고 하나님 앞에 선 단독자가 될 수 있기 때문입니다. 여기서 말하는 골방은 장소가 아니라 마음자리입니다. 세상살이를 잊고 오직 하나님과 하나 되기를 소망하는 마음자리가 곧 기도의 골방입니다.

하나님,
세상에서 벌어지는 일을 보면
저절로 마음이 어두워집니다.
따뜻한 눈으로 세상을 바라보려 애쓰지만,
우리 눈빛이 싸늘하게 식을 때가 많습니다.
불의한 이들이 득세하고,
선한 사람들이 어려움을 겪는 일이 허다하게 일어납니다.
그런데도 주님은 "힘없이 팔을 늘어뜨리고 있지 말라"
이르십니다.
그 말씀에 의지하여 힘을 내겠습니다.
불의에 맞서면서 선의 싹을 키우기 위해 땀 흘리겠습니다.
주님께 속한 그 기쁨을 우리 속에 심어주십시오. 아멘.

2

하나님,

뜨거운 김이 모락모락 피어나는 밥솥을 보면

왠지 모를 뭉클함이 피어납니다.

'밥이 곧 하늘'이라 했던 어느 시인의 노래가

실감 날 때가 있습니다.

밥은 나누어 먹는 것이라는 말에 깊이 공감합니다.

저희도 주님의 식탁에 동참하고 싶습니다.

아니, 주님을 우리 식탁에 모시고 싶습니다.

그리고 주님이 그렇게 소중히 여기셨던

그 소외된 이들도 우리의 식탁에 초대하고 싶습니다.

홀로 자족하는 식탁이 아니라

더불어 행복한 식탁을 이룰 수 있도록

우리에게 사랑의 능력을 부어 주십시오. 아멘.

3

하나님,
급하게 길을 가는데 누군가가
느릿느릿 걷고 있으면 화가 납니다.
그가 마치 나를 방해하기 위해 거기 있는 것 같은
생각이 들기도 합니다.
정작 그는 자기 속도대로 가고 있는데
우리의 급한 마음이 그를 부정적으로 그리는 것입니다.
부끄럽지만 이런 일은 비일비재하게 일어납니다.
아파 보아야 아픈 사람의 사정을 알고,
길을 잃어보아야 길 잃은 사람의 심정을
알게 되는 게 우리들입니다.
주님, 세상에서 방황하고 있는 우리를 포기하지 마시고
끝내 찾으시어 기쁨의 잔치에 동참시켜 주십시오. 아멘.

당신은 바다에

많은 길을   내시어도

4

하나님,

마음먹은 대로 살지 못하고,

습관에 이끌려 사는 우리의 모습이 부끄럽습니다.

우리는 "마음은 원이로되 육신이 약하구나" 하신

주님의 말씀을 무기력한 삶의 위안으로 삼곤 합니다.

이 부끄러운 합리화에서 벗어나게 해주십시오.

속에 스며든 불순물들을 녹일 힘이 우리에게는 없습니다.

주님, 우리를 불쌍히 여겨주십시오.

정화의 불길로 녹이시고, 우리를 어루만져

새로운 존재로 빚어주십시오.

그리하여 주님이 기뻐하시는 일을 우리도 기뻐하게 하시고,

주님이 미워하시는 일을 우리도 미워하게 해주십시오.

아멘.

5

하나님,

삶이 곤고할 때마다

우리는 그 곤경에서 벗어나기 위해 나름으로

최선을 다합니다.

그러나 아무리 애써 보아도

해결의 실마리가 보이지 않을 때,

그래서 우리의 가능성이 다 소진되었다고 느낄 때

우리는 비로소 주님을 찾습니다.

절망의 심연에 갇혀 희망의 빛 한 점 보이지 않을 때

주님은 우리에게 손을 내밀어주십니다.

세상의 모든 고통과 슬픔을 다 맛보셨기에

주님은 우리를 외면하지 않으십니다. 고맙습니다.

주님, 이제부터 주님을 외롭게 하지 않기 위해

노력하겠습니다.

우리를 주님의 손과 발로 삼아주십시오. 아멘.

당신은 바다에

많은 길을   내시어도

6

하나님,
"내가 지금까지 너무나도 오랫동안,
평화를 싫어하는 사람들과 더불어 살아왔구나"(시편 120:6)
라고 탄식한 히브리 시인의 고백이 아프게 다가옵니다.
그는 "나는 평화를 사랑하는 사람"이지만,
"내가 평화를 말할 때, 그들은 전쟁을 생각한다"고
말합니다.
사나운 세상에서 평화를 추구하기란
여간 어려운 일이 아닙니다.
하지만 평화를 이루는 사람이 되지 않고는
하나님의 자녀가 될 수 없음을 알기에 용기를 내겠습니다.
평화 세상을 위한 우리의 꿈이 거친 세상에 부딪혀
좌절되는 일이 없도록 우리를 지켜주십시오. 아멘.

7

하나님,
습도 많은 대기 가운데서 걷노라면
몸은 무거워지고 숨도 가빠옵니다.
햇살 좋은 날 거리를 걷는 일은 상쾌합니다.
우울한 세상, 유동하는 공포가
우리 목을 죄는 세상에 살기에
우리는 유쾌하고 즐거운 일을 탐닉합니다.
그러나 주님은 우리를 저 낮은 곳으로 부르십니다.
지고 있는 인생의 짐이 무거워 허덕이는 우리에게
다른 이들의 짐을 함께 나누라 하십니다.
주님, 이제야 깨닫습니다.
다른 이들의 짐을 나눌 때
비로소 우리 짐이 가벼워지는 진실을 말입니다.
날마다 주님의 멍에를 메고 주님께 배우며
살게 해주십시오. 아멘.

당신은 바다에

많은 길을   내시어도

8

하나님,
욕망의 벌판을 허둥거리며 달리다 보니
우리가 지향해야 할 인생의 목표를 잊고 말았습니다.
손에 쟁기를 잡고 뒤를 돌아보지 말라 하셨는데,
우리는 부르심을 따라 살지 못하고
우리를 잡아채는 과거의 인력에만
마음을 두고 살고 있습니다.
향방 없이 떠도는 삶은 늘 불안하고, 불안하기에
뭔가로 그 불안을 채우려 안간힘을 다합니다.
이제 한정 없는 방황을 그치고 진실과 사랑을
꼭 붙들고 살겠습니다.
이러한 우리의 결심이 흔들리지 않도록
우리를 꼭 붙들어주십시오. 아멘.

9

하나님,

그 이름을 부르는 것만으로도 마음이 환해지고,

굳었던 마음이 봄눈 녹듯 녹아내리는 사람이 있습니다.

그들은 우리에게 마음의 고향인 셈입니다.

우리의 거친 마음을 부드럽게 어루만지고,

얼크러진 마음을 차분하게 가라앉혀주는 장소도 있습니다.

이 땅에 세워진 교회는 바로 그런 곳이어야 합니다.

예루살렘을 보고 탄식하셨던 주님의 마음을 헤아려 봅니다.

본을 버리고 말을 붙드는 성전 체제는

주님께 걱정거리가 되었습니다.

주님, 교회의 지체인 우리가 주님의 마음을

시원케 해드릴 수 있도록 이끌어 주십시오. 아멘.

당신은 바다에

많은 길을   내시어도

하나님,

우리는 친절한 사람, 너그러운 사람이라는

평판 듣기를 좋아합니다.

사소한 친절이나 호의에 감사를 표하는 이들을 보면

마치 우리가 꽤 괜찮은 사람이 된 것 같은

느낌이 들기도 합니다.

그러나 우리의 안전을 위협하거나

우리 허영심의 실상을 드러내는

이들을 만나면 상황이 달라집니다.

친절한 사람은 사라지고 편협한 사람,

공격적인 사람이 나타납니다.

일상 속에서 우리는 너무나 많은

형제자매들의 걸림돌이 되곤 합니다.

이제는 조심조심 경외하는 마음으로 살겠습니다.

우리를 선한 길로 이끌어 주십시오. 아멘.

하나님,

교회는 순교자의 피 위에 세워졌다는

증언 앞에서 잠시 옷깃을 여밉니다.

오늘 우리가 안락한 가운데 신앙생활을 할 수 있는 것은

진리를 위해 목숨을 아끼지 않았던 분들의

헌신 덕분입니다.

추운 겨울, 난방조차 되지 않는 예배당 마루에 꿇어앉아

보석 같은 눈물을 흘리며 하나님께 엎드렸던

우리 신앙 선배들의 그 간절함이 우리에게는 없습니다.

교회는 그저 안락한 곳으로 변하고 말았습니다.

그래서 생명의 노래를 부르지 못합니다.

하지만 이제 값싼 위로의 노래 말고,

혼돈을 잠재우는 힘 있는 노래를 부르며

주님의 뒤를 따르겠습니다.

우리의 힘이 되어주십시오. 아멘.

당신은 바다에

많은 길을   내시어도

12

하나님,

우리는 진리에 대해 많이 안다고 자부했습니다.

교회 생활에도 익숙해졌고,

성경 말씀도 어느 정도는 알고 있습니다.

선포되는 말씀이 어디로 향할지도 짐작할 수 있습니다.

그럼에도 불구하고 우리는 여전히

어둠 속을 헤매고 있습니다.

우리 눈이 감겨 있다고 생각하지 않기에

절박함조차 없습니다.

어느덧 신앙생활은 습관이 되고 말았습니다.

존재의 변화가 일어나지 않는 것은 당연합니다.

주님, 나태함에 빠진 우리 영혼을 깨워주십시오.

그리고 진리의 샘물을 마시고 일어나

주님의 뒤를 따르게 해주십시오. 아멘.

13

하나님,

난감한 일을 만날 때마다

우리는 운명을 탓하거나, 탓할 대상을 찾곤 합니다.

세상이 혼란스럽고 어둠이 지극한 것은

나 아닌 누군가의 욕심 때문인 것 같습니다.

우리는 그렇게 누군가에게 책임을 전가함으로

양심의 괴로움을 면하려 합니다.

주님을 죽음의 자리로 내모는 이들을 비판하면서도

우리 또한 그런 일을 반복하고 있습니다.

주님을 닮고 싶습니다.

아낌없이 주면서도 보상을 바라지 않고,

세상의 모순을 속으로 받아들여 정화시키신

그 크신 사랑을 우리 속에도 심어주십시오. 아멘.

당신은 바다에

많은 길을   내시어도

14

하나님,
우리의 어리석음을 꾸짖어 주십시오.
이해관계가 맞아떨어질 때는
반갑게 손을 잡고 따뜻한 웃음을 나누지만,
이해관계가 엇갈릴 때면 가까웠던 이들에게도
싸늘하게 등을 돌리곤 하는 게 인간의 세태입니다.
이런 일을 반복적으로 겪는 동안
우리는 인간에 대한 신뢰를 잃어버렸습니다.
아무도 신뢰할 수 없다는 것처럼 쓸쓸한 일이 또 있을까요?
하나님 이익이 아니라 신의를 따르는
사람이 되고 싶습니다.
생명을 훼손하면서까지 제 욕망을 채우려 드는
사악한 마음을 우리 속에서 도려내 주십시오. 아멘.

15

하나님,
주님을 모른다고 세 번이나 부인한 후
바깥 어두운 데로 나가 통곡했던
베드로의 마음을 생각해봅니다.
후회와 자책, 그리고 견디기 어려운
모멸감에 시달렸을 것입니다.
차라리 장담이라도 하지 않았더라면
부끄러움이 덜 했을지도 모르겠습니다.
그러나 주님은 한순간도 그를 버리지 않으셨습니다.
그의 아픔과 연약함까지도 껴안으셨습니다.
으깨진 포도알과 같던 그가 복음을 위해
향기로운 제물처럼 목숨을 바칠 수 있었던 것은
그 가없는 사랑 덕분입니다.
주님, 그 크신 사랑으로 우리를 품어주십시오. 아멘.

당신은 바다에

많은 길을   내시어도

16

하나님,
에덴 이후 시대를 사는 우리들은
늘 뭔가에 쫓기며 삽니다.
느긋한 평화를 꿈꾸지만,
우리 마음을 뒤흔드는 일이 시도 때도 없이 벌어집니다.
처리해야 할 문제들은 또 어찌나 많은지
도무지 삶의 여백을 마련할 수도 없습니다.
복잡하게 뒤엉킨 우리 마음,
찌그러지고 멍든 우리 마음을 주님께 바칩니다.
주님의 사랑 안에서 새롭게 빚어주십시오.
그래서 허망한 열정에 사로잡혀 살기보다는
주님의 뜻을 따르는 기쁨을 누리며 사는
참 사람이 되게 해주십시오. 아멘.

하나님,
방학이 오기를 기다리는 아이들처럼,
첫눈 오기를 기다리는 연인들처럼
우리는 아름다운 세상이 열리기를 기다립니다.
하지만 세상은 나날이 흉포해지고 있습니다.
착한 사람들이 살기에 쉬운 사회가 좋은 사회라는 데,
착한 이들은 번번이 악한 이들의
조롱거리가 되고 있습니다.
주님, 우리는 주님이 오시기를 기다립니다.
이제는 막연히 기다리지 않겠습니다.
주님이 기뻐하시는 세상을 열기 위해 땀흘리겠습니다.
지치지 않도록 우리 영혼을 지켜주십시오. 아멘.

많은 길을　　　내시어도

18

하나님,

우리도 모르는 사이에

가르고 나누는 일에 익숙해졌습니다.

어떤 사람들에게 찌지를 붙이고는

그들을 조롱하거나 무시하기도 합니다.

자기와 생각이 다르다고 붉은색 낙인을 찍는 일은

또 얼마나 자주 일어납니까?

이 땅에 있는 교회도 예외가 아닙니다.

주님, 우리를 꾸짖어 주십시오.

주님은 당신의 몸으로 인간이 만든 장벽들을 허무셨습니다.

우리에게도 그런 장벽을 허물 수 있는

용기와 믿음을 허락하여 주십시오.

그래서 '그리스도 우리의 평화'라는 고백이

무색해지지 않게 해주십시오. 아멘.

19

하나님,
이전보다 우리 삶의 형편이 많이 나아졌지만
행복감은 오히려 줄어든 것 같습니다.
골고루 가난하던 시절, 이웃들은 콩 한 쪽도
나눠 먹었습니다.
가속화된 시간 속을 바장이는 현대인들은
도무지 이웃들에게 곁을 내주질 못합니다.
삶의 속도를 늦추는 순간 다른 이들이
우리를 추월해버릴지도 모른다는 공포심 때문입니다.
행복을 원하면서도 행복을 피하며 사는 우리를
긍휼히 여겨주십시오.
금과 은, 보물이 오물로 변할 수도 있음을
한순간도 잊지 않게 해주십시오. 아멘.

당신은 바다에

많은 길을   내시어도

하나님,

건강할 땐 몰랐습니다.

지금 병들어 신음하는 이들의 두려움과 서러움을 말입니다.

위로의 말을 건네면서도 건성일 때가 많았습니다.

건강을 잃고 두려움에 휩싸일 때

비로소 세상의 아픔이 눈에 들어왔습니다.

이사야는 고난받는 종의 노래에서

"그는 언제나 병을 앓고 있었다"고 노래했습니다.

얼마나 놀라운 고백인지요?

주님은 세상의 모든 아픔을 앓고 계십니다.

그 사랑이 우리를 살게 합니다.

그 사랑이 우리를 일으켜 세웁니다.

이제 우리도 주님의 손이 되어 서러운 이들의

눈물을 닦아주겠습니다.

우리 속에 있는 무정한 마음을 도려내시고,

섬세한 사랑의 마음을 심어주십시오. 아멘.

하나님,

하갈과 같은 처지의 사람들이 참 많습니다.

자기 의지와는 상관없이 무시당하고, 차별당하는 이들,

존엄한 인격이 아니라 수단으로 취급받는 이들 말입니다.

갑질이라는 말이 우리 사회의 부끄러운 실상을

고스란히 드러내고 있습니다.

하갈 이야기를 통해 하나님이 그런 이들의 처지를

모른 척하지 않는 분이심을 깨닫습니다.

주님, 우리 곁에 있는 '하갈들'의 억눌린 신음소리에

귀를 기울이게 해주시고,

그들의 가슴에 한이 누적되지 않는 사회를 이루기 위해

혼신의 힘을 다하겠습니다.

우리를 선한 길로 인도해주십시오. 아멘.

하나님,

어려운 일을 만날 때마다 우리는

"언젠가 좋은 날이 오겠지"라고 말하며

스스로를 위로합니다.

그러나 시간은 번번이 우리를 속이는 것 같습니다.

한 날의 괴로움은 그날 겪는 것으로 족하다지만,

괴로움은 다음 날도 우리를 괴롭힙니다.

멍이 든 가슴은 조그마한 자극에도 비명부터 질러댑니다.

그러나 이제는 하나님의 편에 서서 살겠습니다.

하나님이 우리 곁에 계시다는 사실을

확신하며 당당하게 살겠습니다.

우리의 믿음 없음을 불쌍히 여겨주십시오. 아멘.

하나님,
주님이 공들여 창조하신 세상이 아픕니다.
죽음과 공포에 내몰린 이들의 비명소리가
도처에서 들려오고,
피조물의 신음소리가 우리 귓전을 때립니다.
악한 자들이 선한 이들을 밥으로 여깁니다.
찢기고 갈라진 세상에서 힘겹게 버티는 동안
우리 마음도 거칠어졌습니다.
살아남기 위해 안간힘을 쓰다 보니
우리가 진리를 따라 살아가는 순례자임을
잊을 때가 많습니다.
주님께서 바치셨던 기도를 우리의 기도로 삼겠습니다.
그리고 기도한 대로 살기 위해 정신을 바짝 차리겠습니다.
우리의 든든한 방패가 되어주십시오. 아멘.

하나님,

푯대를 향해 나아간다고 하면서도

우리는 한정 없이 방황합니다.

살아온 날을 돌아보면 어지럽기 그지없습니다.

가지런하게 살고 싶다는 바람을 품고 살지만

세파는 늘 우리를 흔들어댑니다.

사람들의 눈치를 보고 또 다른 이들의

기대에 맞춰 살려다 보니

삶의 피곤함이 이루 말로 다할 수 없습니다.

요셉처럼 언제나 어디서나 한결같은 사람,

어려움 속에서도 따뜻함과 성실함을 잃지 않는 사람,

하나님 앞에서 사는 사람이 되고 싶습니다.

이런 소망이 무너지지 않도록 우리를 지켜주십시오. 아멘.

하나님,

주님은 언제나 미쁘신 분이지만

그 백성으로 일컬음을 받는 이들에게는 미쁨이 없습니다.

바람에 흔들리는 부평초처럼 우리에게는 뿌리가 없습니다.

하나님의 마음에 믿음의 뿌리를 굳게 내리고

살아보려 하지만,

우리의 의지와 결심은 깃털처럼 가벼워

바람 한 번만 불면 온데간데없이 스러져버립니다.

이제는 우리를 애타게 부르시는

하나님께 돌아가고 싶습니다.

주님의 팔에 안기고 싶습니다.

우리 옷자락을 잡아채는 우상들을 뿌리치고

주님께 나아갈 힘과 용기를 허락하여 주십시오. 아멘.

당신은 바다에

많은 길을   내시어도

하나님,
사람들이 성전의 아름다움에 넋을 놓을 때
주님은 그 성전의 무너짐을 보셨습니다.
진리를 권위로 바꾸고,
거룩을 이익으로 바꾼 성전 혹은 교회는
마치 모래 위에 세운 집과 다를 바 없습니다.
이 땅에 주님의 이름으로 세워진 교회들이
이 두려운 진실을 깨닫게 해주십시오.
하나님의 영이 머무는 교회만이 병든 세상을 치유하는
주님의 일에 동참할 수 있습니다.
늘 망설이면서 실행의 시간을 놓치는 어리석음에서 벗어나
지금 마땅히 해야 할 일을 시작할 수 있는
용기를 허락하여 주십시오. 아멘.

하나님,
우리는 남의 눈치를 보느라 이골이 났습니다.
불편해지기 싫어서, 미움받기 싫어서,
우리는 잘못된 것을 보면서도 침묵합니다.
"내 생각은 이렇다"고 명백하게 말하기보다는
다른 이들의 입장을 먼저 확인하려 합니다.
그것이 세상 사는 지혜인지도 모르겠습니다.
그러나 진리는 그런 어중간한 타협을 허락하지 않습니다.
주님의 단호하고도 분명한 자세를 배우고 싶습니다.
진리를 오롯이 드러내기 위해 위험을 무릅쓰는
그 용기를 우리에게도 주십시오.
그리고 은총의 신비 안에서 상식을 넘어서는
신앙적 삶을 실천하며 살게 해주십시오. 아멘.

많은 길을　　　　내시어도

하나님,
편안할 때 우리는 하나님을 의식하지 않고 삽니다.
영원히 계속될 것 같던 인생의 봄날이 지나가고
엄동설한과 같은 고통의 시간이 찾아오면
다급하게 하나님의 도움을 구합니다.
이것이 못난 우리의 실상입니다.
우리가 원하는 시간에, 우리가 원하는 방법대로
하나님이 응답하지 않으시면
하나님의 존재를 의심하거나 원망을 터뜨립니다.
이제는 이런 어린아이 같은 신앙생활에서 벗어나,
하나님의 마음을 알아차리고 그 마음에 따라
우리 삶을 조율하는 성숙한 신앙인이 되고 싶습니다.
주님의 영으로 우리를 감싸주십시오. 아멘.

3월

기도는 중언부언하면 안 됩니다. 기도의 시간이 길어야 효과도 만점
이라는 생각을 버리십시오. 공부 못하는 아이들의 답안이 길고 장황
합니다. 핵심을 알 수 없으니까, 그물을 넓게 치는 것이지요. 어느 한
대목이라도 걸리기를 바라면서 말입니다. 앞 못 보는 사람은 당신
앞에 왔을 때 주님은 "내가 무엇을 해주기를 원하느냐"고 물으셨습
니다. 그러자 그는 간결하게 대답했습니다. "보기를 원하나이다." 이
게 핵심입니다. 그 한마디면 됩니다. 그 속에 진정이 담겨있다면 말
입니다.

1

하나님,

동족들의 불신앙 때문에 깊은 슬픔에 잠긴

바울의 마음이 뜨겁게 다가옵니다.

제사장 나라, 거룩한 백성이라는 이스라엘의 자부심은

온갖 시련 속에서 그들을 지켜준 방패였지만,

지나친 자기 확신은 그들을 오히려

진리로부터 멀어지게 만들었습니다.

자신의 오류 가능성을 인정하는 겸손한 확신은

왜 그다지도 어려운 것일까요?

가없는 사랑으로 사람들을 품어 안으셨던

주님의 마음을 배우고 싶습니다.

상처 많은 이 민족의 가슴에

그리스도의 사랑을 가져가는 사람들이 되게 해주십시오.

아멘.

당신은 바다에

많은 길을   내시어도

2

하나님,

시간 속을 걸어가는 일은 언제나 힘겹습니다.

일상의 일들에 부대끼며 살다보면 삶의 전망은 협소해지고,

지향해야 할 목표를 잃을 때가 많습니다.

남에게 뒤질세라 몸을 앞으로 내밀며 질주하지만

공허감이 슬며시 우리를 잡아채기도 합니다.

하나님의 백성이 되는 길이 우리 앞에 명확히 보이건만

그 길을 따라 걷지 못하는 우리의 무능을 꾸짖어 주십시오.

하나님을 믿는다 하면서도 '다른 신들' 앞에

머리를 조아리곤 하는

못난 버릇으로부터 우리를 구원해주십시오.

우리를 자유케 하시는 하나님의 뜻을

혼신의 힘으로 따르게 해주십시오. 아멘.

3

하나님,
매 순간 밝고 명랑하게 살고 싶지만
현실은 우리 얼굴에서 빛을 앗아가곤 합니다.
어둠에 익숙해진 우리 영혼은 점점 파리하게 변하고,
무뚝뚝하고 성마른 태도로 사람들을 대하곤 합니다.
친절한 사람, 따뜻한 사람이 되고 싶습니다.
주님이 주신 생명을 헛되이 허비하지 않도록
우리를 지켜주십시오.
어둠을 뚫고 들어오는 하늘빛을 바라보게 하시고,
흔들리지 않는 발걸음으로
진리를 향해 나아가게 해주십시오.
그런 우리의 삶이 누군가의 앞길을
밝히는 빛이 되게 해주십시오. 아멘.

당신은 바다에

많은 길을   내시어도

4

하나님,
우리는 자기 꿈을 이룬 사람들을
부러움의 눈으로 바라봅니다.
그들은 매사에 당당하고 자신감이 넘칩니다.
그러나 부러움이 질투로 바뀔 때도 있고,
그들과 같지 못한 자기 처지를 비관하기도 합니다.
우리 생이 무거운 것은 자기 삶을 살지 못하고
늘 남과의 비교를 통해 행복을 느끼려는
못난 버릇 때문입니다.
주님, 이제는 푯대이신 주님을 바라보며 살게 해주시고,
어떤 여건 속에서도 선을 지향하는
끈질긴 용기를 허락해 주십시오.
우리 삶이 누군가의 본보기가 될 수 있도록
인도하여 주십시오. 아멘.

5

하나님,
다른 이들의 기대에 맞추어 사는 일은
늘 고단합니다.
사람들의 칭찬을 구할 때 우리 영혼은 누추해집니다.
깊은 곳에 뿌리를 내리지 못한 영혼은
작은 바람에도 휘청거리곤 합니다.
마음 깊은 곳에 도사리고 있는 두려움을 숨기려고
우리는 교만한 태도로 사람들을 대하기도 합니다.
주님, 우리를 긍휼히 여겨주십시오.
하나님을 경외하고 자기의 부족함을
진심으로 인정하는 이들 곁에 머물면서,
하늘로부터 오는 자유를 누리며 살게 해주십시오. 아멘.

당신은 바다에

많은 길을   내시어도

6

하나님,
날로 흉포해지는 세상에서
사랑 안에 머물기란 여간 어려운 일이 아닙니다.
우리는 낯선 사람들을 일단 경계하는 일에 익숙합니다.
갑각류처럼 안으로 자꾸 움츠러들다 보니
우리는 환대의 능력을 잃어버리고 말았습니다.
그 때문에 늘 외롭습니다.
삶이 힘겨울 때면 누군가 다가와
손 내밀어주기를 바라면서도
정작 우리들은 어려운 이들에게 선뜻 다가서지 못합니다.
이제는 자아의 감옥에서 벗어나
이웃들을 위로하고 격려하며 살고 싶습니다.
우리 마음을 꼭 붙들어주십시오. 아멘.

7

하나님,
세월의 더께가 앉은 우리 영혼은
죄에 대해 아주 둔감하게 변했습니다.
영적 민감함을 잃었기에
세상에 만연한 아픔을 보면서도 아파하지 않습니다.
욕망 둘레를 맴돌며 근근이 살아가는 것으로
할 도리를 다했다고 여길 때가 많습니다.
그러나 하나님은 함께 병든 세상,
망가진 세상을 치유하자고 우리를 부르십니다. 주님,
그 부름에 응하고 싶습니다.
우리 마음을 사로잡고 있는
일체의 군더더기들을 걷어내 주시고,
주님의 마음과 꿈을 우리 속에 심어주십시오. 아멘.

하나님,
십브라와 브아는 어떻게 두려움을
떨쳐버릴 수 있었나요?
왕의 명령을 거절하면서도 두 여인은 비장하지 않았습니다.
그들은 바람처럼 가볍고, 햇살처럼 맑은 영혼으로
권력의 억압에서 벗어났습니다.
생명이 하나님께 속해 있음을 확신했기 때문일 것입니다.
지금 이 세상에 노골적으로
누군가를 죽이라고 명령하는 이들은 없지만
사람들을 죽음의 벼랑으로 내모는 이들이 참 많습니다.
부디 우리가 그 죽음의 하수인이 되지 않게 해주십시오.
어려운 여건 속에서도 생명 중심의 사고를 하는
참사람이 되게 해주십시오. 아멘.

하나님,
열매를 많이 따려거든
전지에 인색하지 말아야 한다는 말이 있습니다만,
우리는 늘 처리해야 할 많은 일에 에워싸인 채
살아가느라 허둥댑니다.
복잡하게 얽힌 삶이 무겁기만 합니다.
마음은 점점 굳어지고,
어지간한 자극에도 반응할 줄을 모르고 삽니다.
세상에 만연한 아픔을 보고는 잠시 혀를 차기도 하지만,
곧 잊어버리고 맙니다.
생명이 속절없이 파괴되는 현실을 보면서도
모른 체 외면하곤 했습니다.
주님, 우리 속에 참 사람다운 따뜻함을 일깨워주십시오.
생명을 지키고 풍성하게 하는 일에
기꺼이 동참하게 해주십시오. 아멘.

하나님,

우리는 가만히 있으라는 말을

참 많이 듣고 살았습니다.

"선생님 말씀 잘 듣고 얌전히 지내야 해!"라는 권고부터,

"평지풍파 만들지 말고 입을 다물라"는 위협적인 말까지.

우리는 갈등을 나쁜 것이라고만 생각했습니다.

하지만 누릴 것을 다 누리며 사는 이들은

그렇지 못한 이들의 아픔과 불편함을 이해할 수 없습니다.

누군가가 일어나 이의를 제기하고 비명을 지르기까지는

아무도 자기 발밑에 사람이 있다는 사실을 알지 못합니다.

주님, 우리에게 영적인 예민함을 허락하여 주셔서

이웃들의 신음소리에 응답할 줄 아는 사람들이

되게 해주십시오. 아멘.

11

하나님,
이런저런 범죄 소식이 들려올 때마다
우리 마음이 저려옵니다.
마치 영혼을 빼앗긴 좀비 같은 이들이
거리를 활보하고 있다는 사실이 두렵기만 합니다.
그보다 더 큰 문제는 불의가 제도화되어 사람들이
그것을 정상적 상태로 받아들인다는 사실입니다.
서럽고 쓰린 삶을 감내하며 사는 이들이
조금이라도 자기들의 살 권리를 주장하면
세상은 '불온'의 낙인을 찍곤 합니다.
주님, "의를 위하여 박해를 받은 사람은 복이 있다"는
그 말씀을 붙들고,
어둠에 맞서 빛을 드러낼 수 있도록
우리를 인도해주십시오. 아멘.

당신은 바다에
많은 길을   내시어도

12

하나님,

사다리에 올라선 듯 우리 삶은 위태롭기만 합니다.

애써 희망을 품어보려 하지만

세상에는 희망의 징조보다 절망의 징조가 더 많습니다.

세상의 어둠에 익숙해진 눈으로 보기에

더욱 그러한지도 모르겠습니다.

우리는 가끔 돈과 권세와 명예를 삶의 방패로 삼습니다.

그러나 그것은 쥐었다고 생각하는 순간

손아귀에서 빠져나가 가뭇없이 사라져버립니다.

주님, 이제 권세는 하나님의 것,

한결같은 사랑도 주님의 것이라는 고백을

삶의 토대로 삼겠습니다.

그 믿음에서 물러서지 않도록 우리를 지켜주십시오. 아멘.

13

하나님,

세상에는 정말 장벽이 많습니다.

보이는 장벽도 있지만 보이지 않는 장벽이 더 많습니다.

장벽은 자유로운 소통을 가로막습니다.

도저히 넘을 수 없는 강고한 담 앞에 설 때마다

무기력감과 아울러 분노가 우리를 휘어잡습니다.

'우리는 다르다'는 우월의식에 사로잡힌 이들은

이웃들과 만날 생각이 없습니다.

생활 속의 분단이 고착화될수록 평화의 꿈은 멀어집니다.

성령님, 오셔서 우리들의 가슴에 드리운

장벽을 무너뜨리시고

이웃들을 있는 그대로 바라보며

사랑의 관계를 맺을 수 있도록 이끌어주십시오. 아멘.

당신은 바다에

많은 길을   내시어도

14

하나님,
우리는 거칠고 무정한 세상에서
사느라 지쳤습니다.
얼굴빛 환한 사람들과 만나고 싶지만
거리에서 마주치는 사람들은
언제라도 화낼 준비를 갖추고 있는 것처럼 보입니다.
분주하게 살다 보니 마음의 여백은 점점 줄어들고
애초부터 우리 속에 심어주신
그 따뜻한 생명의 온기는 다 식어버렸습니다.
행복을 위해 '자기', '돈', '쾌락'을 추구하지만
그것은 오히려 우리를 더 큰 불안 속으로 몰아갑니다.
주님, 우리를 불쌍히 여겨주십시오.
주님의 사랑의 온기로
우리 속에 깃든 두려움을 녹여주십시오. 아멘.

15

하나님,

물기 없는 땅, 그늘 없는 땅을

걸어가는 것처럼 삶이 고달픕니다.

행복은 늘 저만치 떨어진 곳에서

우리에게 어서 오라고 손짓합니다.

허위단심으로 달려가 보지만

행복은 신기루처럼 가물거릴 뿐입니다.

욕망 충족을 삶의 우선순위로 삼고 살아온 결과

우리가 거두는 것은 공허함과 고단함입니다.

이제는 전심전력을 다하여 주님께 돌아가려 합니다.

우리 발걸음을 붙잡는 것들이 많지만

뿌리치면서 주님께로 돌아가겠습니다.

우리의 의지가 꺾이지 않도록 힘을 불어넣어 주십시오.

그 길 위에서 참된 기쁨과 만나게 해주십시오. 아멘.

많은 길을   내시어도

하나님,

삶이 힘겨울 때마다 내 고통을 이해하고

내 이야기에 경청해주는 사람이 있으면 하고 바랍니다.

그들이 문제를 해결해주지는 못한다 해도

원통한 마음을 털어놓는 것만으로도

우리는 우울의 심연에서 몸을 일으킬 수 있기 때문입니다.

다른 이들의 아픔에 깊이 공감하는 마음이야말로

우리 속에 하나님이 숨겨놓으신 불꽃임을 알았습니다.

어두운 시간을 보내고 있는 이들 곁에 다가서서

꺼져가는 그들의 심지에 불을 옮겨 붙이는

사람이 되고 싶습니다.

우리 속에서 그 불꽃이 꺼지지 않도록 지켜주십시오. 아멘.

하나님,
편안하고 안락한 삶에 길들여진 우리는
조금의 불편조차 감내하려 하지 않습니다.
풍요로움이 주는 쾌적함을 구하는 것은 인간의 본능입니다.
구질구질한 삶을 면해보려고 우리는 안간힘을 다합니다.
그러는 동안 우리는 존재의 따스함을 잃고
무정한 사람이 되었습니다.
물질적으로는 풍요롭지만 동료 인간들의 아픔에는
무감각한 이들이 거리를 채우고 있습니다.
주님, 좁은 문으로 들어갈 용기를 허락해 주십시오.
홀로 만족하는 사람이 아니라
더불어 행복한 삶을 추구하도록 우리 속에 주님의 영을
불어 넣어주십시오. 아멘.

당신은 바다에

많은 길을   내시어도

하나님,

욕망의 전장으로 변해버린 세상에 사느라

우리는 지쳤습니다.

우리보다 앞서가는 이들을 바라보노라면

삶의 비애가 우리를 사로잡습니다.

"내가 이렇게 무능한가" 하는 자책감에 시달리기도 합니다.

그래서 그들 뒤를 숨 가쁘게 따라갑니다.

앞만 보고 달리느라 하늘을 보지 못합니다.

이웃들에게 눈길도 주지 않습니다.

이것이 영혼의 전락임을 이제야 알았습니다.

주님, 모래 위에 집을 짓는 어리석은 사람이

되고 싶지 않습니다.

이제라도 주님의 말씀 위에 인생의 집을 짓고 싶습니다.

반석 위에 집을 짓는 이의 가멸찬 기쁨을

맛보게 해주십시오. 아멘.

19

하나님,

가끔은 돈이 많았으면 좋겠다는

생각이 들 때가 있습니다.

도와야 할 사람이 많고, 해야 할 일도 많기 때문입니다.

그러나 그런 생각이 부질없다는 사실을 잘 압니다.

주님은 가진 것이 아무것도 없으셨지만

모든 사람에게 당신 자신을 선물로 주셨습니다.

그 선물을 받은 이들은 누구나 다

아름다운 사람으로 깨어났습니다.

우리는 자신을 내줄 생각이 없기에

모든 일을 돈으로 해결하려 합니다.

이제는 이런 삶에서 돌이키고 싶습니다.

이웃들에게 우리 자신을 선물로 내줄 수 있는

선하고 따뜻한 마음을 허락하여 주십시오. 아멘.

당신은 바다에

많은 길을   내시어도

하나님,

우리는 어려운 일을 만날 때마다 누군가를 원망합니다.

강고한 질서에 틈을 내는 일은

아예 불가능한 일이라고 치부하기도 합니다.

그러나 주님은 "기도하고 낙심하지 말아야 한다"고

말씀하십니다.

곰곰이 생각하니 이것은 둘이 아니라 하나입니다.

어떠한 악조건 속에서도 기도하는 것이

낙심하지 않는 비결이고,

낙심하지 않는 삶의 자세야말로 기도이니 말입니다.

주님, 이제부터 지레 겁을 먹고 불의를

용인하지 않겠습니다.

정당한 권리를 되찾는 것이

곧 이 땅에 정의를 세우는 일이기 때문입니다.

현실의 벽에 부딪혀 낙심하지 않도록 우리를 지켜주십시오.

아멘.

하나님,

삶이 고달플 때마다

사람들은 마음 둘 곳을 알지 못해 방황합니다.

그곳에 가면 스산했던 마음이 따뜻해지고,

삶의 원기가 회복되는 곳 말입니다.

전장을 떠돌며 살아야 했던 다윗의 마음을

알 수 있을 것 같습니다.

베들레헴에 있는 우물물을 마시고 싶었던 것은

그의 속에 깃든 외로움 때문이었을 겁니다.

그러나 부하들의 헌신을 통해

다윗은 자기 본분을 확연히 깨닫게 되었습니다.

우리 마음이 한정 없이 방황할 때,

주님, 우리 마음을 원위치로 되돌려줄 벗들을

허락하여 주십시오. 아멘.

많은 길을 　　　　 내시어도

하나님,

평화로운 세상을 꿈꾸지만

우리는 늘 불안 속에서 살아갑니다.

유동하는 공포가 삶의 구석구석을 채우고 있습니다.

거리에서 마주치는 사람들은

언제라도 화를 낼 준비를 하고 있는 것처럼 보입니다.

친절하고 따뜻한 얼굴과 만나면

마치 선물이라도 받은 것처럼 행복해집니다.

주님, 우리 속에서 숨죽이고 있는 '하와'를 깨워주십시오.

생명을 풍성하게 하는 일이 곧

하나님에 대한 예배임을 잊지 않게 해주십시오.

오늘도 마주치는 모든 사람들을

하나님의 형상으로 대하도록 우리 마음을

하늘빛으로 채워주십시오. 아멘.

23

하나님,
"타인의 시선이 나를 타락시킨다"는
사르트르의 말이 참 적실하게 다가옵니다.
우리는 하나님의 눈을 의식하며 살기보다는
사람들의 눈을 의식하며 살 때가 많습니다.
그래서 가끔은 위선적인 태도를 보이고,
가식적인 미소를 짓기도 합니다.
세상에 적응하느라 지쳤습니다.
속이 텅 비어 버린 것 같습니다.
헛된 자랑거리를 추구하던 삶에서 돌이키고 싶습니다.
긍휼과 공평과 공의로 드러나는
하나님의 마음과 접속하기 위해 부단히 노력하겠습니다.
주님, 우리를 버리지말아 주십시오. 아멘.

당신은 바다에

많은 길을   내시어도

24

하나님,

마음 내키지 않는 이들과

함께 지내기란 여간 어려운 일이 아닙니다.

우리는 그런 불편한 장소와 상황에서

벗어나고 싶어 합니다.

마음이 무거울 때는 그런 이들이 없는 어딘가로

훌쩍 떠나 살고 싶다는 헛된 꿈에 사로잡히기도 합니다.

그러나 마음에 맞는 사람들과만 지낼 수 없는 게

세상 현실입니다.

주님, 낯선 이들을 존중하는 열린 마음을 심어주십시오.

고통과 시련을 함께 감내하면서

서로에 대한 더 깊은 이해와 사랑에 당도하도록

우리를 이끌어 주십시오. 아멘.

25

하나님,

세상이 너무 거칠어졌습니다.

거리에서, 직장에서, 광장에서 사람들이 거침없이 내뱉는

욕설과 냉소가 우리 가슴을 멍들게 만듭니다.

가슴에 멍이 든 사람들은 자기보다

약한 이들을 함부로 대함으로 보상을 얻으려 합니다.

아무리 노력해도 생의 곤경에서 벗어날 길 없는 이들이

폭력과 배제의 대상으로 전락하는 세상은 악한 세상입니다.

주님은 우리가 나그네로 상징되는

사회적 약자들을 세심하게 돌보라 명하십니다.

그 명령을 두려움과 떨림으로 받들겠습니다.

주님, 우리의 방패가 되어 주십시오. 아멘.

많은 길을　　　　내시어도

하나님,
세상에 똑똑한 사람은 많지만
용기 있는 사람은 많지 않습니다.
신앙적 양심에 따라 살기 위해
위험을 무릅쓰는 이들 또한 많지 않습니다.
모처럼의 승전을 기뻐하며
위풍당당하게 행진하는 군대를 막아서는 것,
그들의 기쁨에 찬물을 끼얹는 것은
누구나 할 수 있는 일이 아닙니다.
오직 하나님의 영에 사로잡힌 사람만 할 수 있습니다.
주님, 불의를 보면서도 비겁한 침묵 속에 머물지 않도록
우리 속에 주님의 숨을 불어넣어 주십시오.
그리고 고통받는 이들 속에서
하나님의 형상을 보아낼 눈을 열어주십시오. 아멘.

27

하나님,
세상의 모든 존재들은 사랑받기를 구합니다.
사랑이야말로 우리 속에 깃든
가장 아름다운 삶의 가능성을 깨어나게 합니다.
주님은 조건 없는 사랑으로 사람들을 맞아주셨습니다.
배고픈 사람은 먹이셨고,
외로운 사람에게는 친구가 되어 주셨습니다.
사랑을 갈구하지만 사랑을 누리지 못한 이들의 가슴에는
차가운 얼음이 자랍니다.
그 얼음은 두려움과 냉소 혹은 공격성으로
나타나기도 합니다.
주님, 따뜻한 봄볕이 만물을 깨우듯이
우리도 사랑으로 세상에 봄을 가져오는 사람들이
되게 해주십시오. 아멘.

28

하나님,

가끔 생이 참 막막하다는 생각이 들 때면

알 수 없는 비애감이 우리를 사로잡습니다.

세상은 우리가 자기 리듬에 따라 살도록

허락하지 않습니다.

우리는 시간을 타고 살지 못하고 늘 쫓기며 삽니다.

뒤쳐질지도 모른다는 조바심 때문입니다.

곁을 바라볼 여유조차 없습니다.

이웃들의 신음소리에도 반응하지 못한 채

그냥 앞만 보고 달립니다.

우리를 불쌍히 여겨주십시오.

이제 새로운 세상을 시작할 용기를 허락해주십시오.

시험을 기쁘게 여기고, 비록 더디더라도

낙심하지 않는 인내심을 우리 속에 심어주십시오. 아멘.

하나님,

무기력한 나날을 보내고 있는

우리를 긍휼히 여겨주십시오.

주님이 우리 손을 잡아 이끌어 주시지 않으면

우리는 투덜거리며 욕망 주위를 맴돌 뿐입니다.

너무나 오랫동안 영적인 무력감에 젖어

삶이 은총임을 알지 못했습니다.

이제는 주님과 함께 사랑으로 뛰어오르며

기쁨의 노래를 부르고 싶습니다.

운명처럼 달라붙어 우리를 지배하는 우울에서 벗어나

생명의 춤을 추게 해주십시오.

부드럽고 자애로운 마음으로 이웃들의 상처를 보듬어 안는

주님의 일꾼이 되게 해주십시오. 아멘.

당신은 바다에

많은 길을   내시어도

하나님,

매사가 뜻한 바대로 되지 않을 때

우리는 낙심합니다.

자신감을 잃고, 자기 비하의 감정에 사로잡히기도 합니다.

그럴 때마다 주님의 도움을 간청할 수밖에 없습니다.

그러나 일이 수월하게 이루어질 때면

우쭐한 마음에 사로잡히기도 합니다.

마음만 먹으면 못할 일이 없을 것 같은

터무니없는 자신감을 품기도 합니다.

웃시야의 몰락은 하루아침에 이루어진 것이 아님을 압니다.

남들의 칭송에 익숙해질 때,

자기 능력에 대한 과도한 자신감에 사로잡힐 때,

몰락의 심연 앞에 서게 됨을 잊지 않겠습니다.

우리를 지켜주십시오. 아멘.

31

하나님,

사람과 사람 사이를 이어주는 말이

때로는 흉기가 되어 사람들을 해치기도 합니다.

회초리를 맞은 자국은 시간이 지나면 사라지지만

혀로 맞은 상처는 시간이 지날수록 아프게 느껴집니다.

우리는 너무나 자주 이웃들의 삶에 대한

해석자를 자처했습니다.

이러쿵저러쿵 해석을 늘어놓고 스스로의

혜안에 만족했습니다.

그러는 동안 이웃들의 마음은 굳게 닫히곤 했습니다.

이제는 해석자가 아니라 아픔에 다가서는 사람,

누군가의 설 땅이 되어주는 사람이 되고 싶습니다.

주님의 성육신의 신비를 우리에게 늘 깨우쳐주십시오.

아멘.

당신은 바다에

많은 길을   내시어도

4월

신앙인에게 있어 기도는 호흡입니다. 생명은 들숨과 날숨의 리듬 속
에 자리 잡습니다. 기도를 그치는 순간 신앙적 삶은 가뭇없이 스러
지고 맙니다. "천부여 의지 없어서 손들고 옵니다." 찬송을 부르며
눈물로 마룻바닥을 적시던 어머니들의 그 소박하고 뜨겁던 기도 소
리가 그립습니다. 물론 지금도 눈물로 기도하는 이들이 있습니다.
자기 자신과 가족들과 교회를 위해, 그리고 나라를 위해. 어쩌면 그
들의 기도가 이 세상을 향해 내리치려는 하나님의 손을 붙잡고 있는
것인지도 모르겠습니다.

하나님,

지고 가는 인생의 짐이 무거울 때면

"삶이 그대를 속일지라도 슬퍼하거나 노하지 말라"는

푸쉬킨의 시구가 떠오릅니다.

끈질기게 견디리라 마음먹어보지만

절망감이 슬며시 우리 옷자락을 잡아당깁니다.

상처 입은 마음은 들큼한 위안을 구합니다.

하지만 우리에게 더 필요한 것은

쇠북을 두드리듯 날카롭게 울려오는 예언자의 음성입니다.

주님, 애상에 빠진 채 지향을 잃어버린

우리를 꾸짖어 주십시오.

어떤 상황에서도 주님의 뜻을 따르는

진실한 사람이 되게 해주십시오. 아멘.

2

하나님,
멋진 인생을 살고 싶습니다.
이웃들과 더불어 생명의 춤을 추며,
살아있음을 경축하며 살고 싶습니다.
기쁘게 일하고, 신나게 놀고, 뜨겁게
사랑하며 살고 싶습니다.
그러나 우리 삶은 잿빛 우울에 감싸여 있습니다.
세상의 인력이 하늘을 향해 도약하려는
우리의 의지를 무력화시키곤 합니다.
부활하신 주님과 만난 후
진정한 자유인이 된 바울 사도가 부럽습니다.
이제 우리도 그렇게 살기 위해 노력하겠습니다.
마음을 열고 기다리오니, 성령이여 우리를
인도하여 주십시오. 아멘.

3

하나님,
선의를 가지고 다가서도
도무지 마음을 열지 않는 이들이 있습니다.
차가운 냉대에 자주 노출되다 보면
우리 마음도 그만 겨울 왕국처럼 변하고 맙니다.
받아들여지지 않았다는 서운함은
상대방을 객관적으로 보지 못하게 만듭니다.
호의가 적대감으로 바뀌는 것은 시간문제일 따름입니다.
바울은 선을 행하다가 낙심하지 말라고 가르쳤습니다.
주님, 일쑤 낙심하는 우리를 불쌍히 여기셔서
예수님처럼 홀가분하게 살아갈 수 있는
마음 넉넉함을 우리 속에 허락하여 주십시오. 아멘.

당신은 바다에

많은 길을   내시어도

4

하나님,
잘 믿는다는 것이 어떤 것인지요?
어떤 이들은 성경도 많이 읽고 기도도 열심히 하지만
도무지 이웃들의 아픔에는 꿈쩍도
하지 않는 이들이 있습니다.
그런가 하면 성경 지식도 부족하고
 기도생활을 열심히 하지 않는 것처럼 보여도
아픔을 겪는 이들을 보면
어김없이 다가가 곁이 되는 이들이 있습니다.
하나님, 명실상부한 그리스도인이 되고 싶습니다.
예수님의 마음으로 이웃을 대하고,
어느 누구도 함부로 해치지 않는 사람들이
되게 해주십시오. 아멘.

5

하나님,
본질적인 것에 마음을 열지 못하는 사람일수록
비본질적인 것에 집착합니다.
주님은 박하와 근채와 회향의 십일조를
바치는 바리새파 사람들이
정의와 자비와 신의는 소홀히 한다고 책망하셨습니다.
성경을 읽고 기도를 드리고 예배에 참석하는 것이 아니라
주님의 뜻을 행하다가 입은 상처가
믿는 이의 표식이라는 사실을 두려움으로 기억하겠습니다.
이제는 힘겹더라도 자아의 한계를 벗어나
더 큰 세계로 나가겠습니다.
우리의 믿음과 의지가 연약해지지 않도록
성령의 능력으로 우리를 사로잡아 주십시오. 아멘.

당신은 바다에

많은 길을   내시어도

6

하나님,

아름다운 삶을 살려고 애써보지만

우리는 번번이 습관의 폭력 앞에서 무너지곤 합니다.

주님을 따라 살겠다는 우리의 의지는

작은 타격을 받는 순간 무너지곤 합니다.

모래 위에 집을 지은 어리석은 건축자는

다름 아닌 우리들입니다.

이런 우리를 못났다 책망하지 않으시고

끝없이 용납하시는 그 사랑을 감당할 길 없습니다.

주님은 우리에게 익숙한 질서를

사랑으로 전복시키십니다.

이제 우리도 그 사랑을 품고

누군가의 발을 닦아줄 수 있기를 빕니다.

우리 속에 사랑의 숨결을 불어넣어 주십시오. 아멘.

7

하나님,
가속의 시간에 적응하느라
우리는 늘 숨이 가쁩니다.
평안을 희구하면서도 늘 불안에 시달립니다.
질주하지 않으면 남에게 추월당할지도 모른다는
불안감 때문에 우리는 안식을 누리지 못합니다.
나귀를 타고 느릿느릿 예루살렘을 향해 올라가시는
주님의 모습을 머리에 그려봅니다.
그 속도는 사랑의 속도이고, 함께 함의 속도입니다.
어쩌면 생명이 자라는 속도인지도 모르겠습니다.
우리 속에 일고 있는 불안의 광풍을 잠잠하게 해주십시오.
그리고 주님의 속도에 맞춰 살아갈
지혜와 용기를 허락하여 주십시오. 아멘.

당신은 바다에

많은 길을   내시어도

8

하나님,
십자가에 달리신 주님을 조롱하는
무리들을 떠올릴 때마다
분노와 아울러 슬픔이 느껴집니다.
그런 부류의 사람들은 도처에 있습니다.
"인간은 인간에게 늑대"라는 말도 있습니다만,
쾌락을 사랑하고 돈을 사랑하는 사납고 무정한 사람들은
고통받는 이들을 보면서도 조금도 동요하지 않습니다.
우리도 별반 다르지 않습니다.
주님, 우리에게 아픔을 주십시오.
주님의 피를 주십시오.
주님의 눈물을 주십시오.
십자가에서 탄생한 그 영원한 빛을 바라보게 해주십시오.
주님만이 우리의 구원이요 길이십니다. 아멘.

9

하나님,

믿음은 결단이고 모험이라는데

안일에 길들여진 우리는 도무지 길을 떠나지 못합니다.

우리 옷자락을 붙드는 옛 생활의 습성을

떨쳐버릴 힘이 우리에게 없습니다.

두려움 때문에 결단해야 할 때를 놓치곤 합니다.

이런 일이 반복되면서 우리 영혼은 누추해졌습니다.

아리마대 사람 요셉과 니고데모는 어떻게 두려움을 떨치고

위험 앞에 설 수 있었는지 궁금합니다.

주님, 그들을 일으켜 세웠던 그 뜨거움을

우리에게도 주십시오.

자아의 한계를 넘어 자유롭게 주님의 뒤를 따를 수 있는

검질긴 믿음을 우리 속에 심어주십시오. 아멘.

당신은 바다에

많은 길을   내시어도

하나님,

우리는 치열한 경쟁이 벌어지는 현장에서

밀려나지 않으려고 안간힘을 다하며 삽니다.

때로는 누군가를 밀쳐내기도 하고 짓밟기도 합니다.

밀려난 이들의 눈물을 한사코 외면합니다.

그러나 그들의 신음소리까지 외면할 수는 없습니다.

예수님은 중심에서 밀려나 주변화된

사람들 곁에 다가가십니다.

아픔의 자리, 고통의 자리에 머물며

그들의 벗이 되어 주셨습니다.

그리고 우리를 그 자리로 부르십니다.

그 자리야말로 참 인간의 길로 인도하는

문이기 때문입니다.

그 부름에 온몸으로 응답하는 사람이 되고 싶습니다.

믿음 없는 우리를 불쌍히 여겨주십시오. 아멘.

하나님,

진실하고 선하게 살고 싶습니다.

예수님의 눈으로 세상을 보고,

예수님의 마음으로 이웃을 대하며 살고 싶습니다.

시련 속에서도 유쾌함을 잃지 않는 사람,

주위를 명랑함으로 물들이는 사람들이 되고 싶습니다.

우리를 통해 부활하신 주님의 현존이 드러나기를 원합니다.

하나님, 우리가 본향 찾는 나그네라는 사실을

잊지 않게 해주십시오.

우리 몸과 마음을 바치오니,

주님의 선하신 뜻대로 사용하여 주십시오. 아멘.

당신은 바다에

많은 길을   내시어도

12

하나님,

주님의 부활 소식을 듣고도 믿지 못했던

제자들의 마음을 알 것 같습니다.

죽은 사람이 살아난다는 것은 과학적이지도 않고

합리적이지도 않기 때문입니다.

제자들의 믿음 없음을 탓할 수 없습니다.

그러나 설명할 수 없지만 주님은 분명히 부활하셨습니다.

주님의 숨을 마신 이들은 일어서서

부활의 삶을 살았습니다.

주님은 사라진 것이 아니라,

지금도 우리들 속에서 일하고 계십니다.

우리는 패배해도 주님은 결코 패배하지 않으실 것을 알기에

이제 두려움을 떨치고 일어나

기쁨을 전하는 사람들이 되겠습니다. 아멘.

13

하나님,
기대하고 소망했던 일이 무너질 때
절망의 어둠이 우리를 확고히 사로잡습니다.
애써 몸과 마음을 추슬러 보지만,
한번 상처 입은 마음은 쉽게 치유되지 않습니다.
이런 일이 반복되면 삶의 의욕이 사라집니다.
지금 절망의 내림 길을 걷고 있는 이들을
불쌍히 여겨주십시오.
그들 곁에 다가가시어 식어버린 마음에
뜨거운 불꽃을 다시 지펴주십시오.
외로움 속에 유폐되지 않게 해주시고,
삶의 기쁨과 슬픔을 나눌 동료들을 만나게 해주십시오.
아멘.

당신은 바다에

많은 길을   내시어도

14

하나님,

주님을 따라 살겠다고 다짐하면서도

우리는 종종 주님의 길에서 벗어나곤 합니다.

세상의 화려한 불빛이 우리 눈을 가려

주님을 시야에서 놓칠 때가 많습니다.

세상에 맛들인 영혼은 좁은 길이 아니라

넓은 길에 이끌립니다.

주님, 우리를 포기하지 마시고 찾아와 주십시오.

제자들에게 주셨던 그 빵과 생선을 우리에게도 주십시오.

그 귀한 사랑을 먹고 힘을 얻어

상처의 기억을 빛나는 보석으로 바꾸고 싶습니다.

우리 삶이 하나님께는 영광이고

이웃에게는 덕이 되게 해주십시오. 아멘.

하나님,

후회 없이 살기란 얼마나 어려운 일인지요.

매 순간 나름대로 최선을 다한다고는 하지만

우리가 하는 일은 허점투성이입니다.

사람들에게 실망감을 안겨줄 때도 많고

상처를 입히기도 합니다.

스스로 상처를 받을 때도 많습니다.

우리 몸과 마음에 새겨진 이런저런 상처는 올무가 되어

우리를 부자유하게 만듭니다.

주님 앞에 우리의 부끄러운 과거를 온전히 내놓습니다.

용서하시고 치유하시는 사랑을 그저 바랄 뿐입니다.

주님 우리에게도 "네가 나를 사랑하느냐" 물어주십시오.

혼신의 힘으로 '아멘'이라 대답하겠습니다. 아멘.

당신은 바다에

많은 길을   내시어도

16

하나님,

낯선 이들과의 만남은

우리에게 긴장과 설렘을 아울러 안겨줍니다.

친절한 이들과 만날 때도 있지만,

무뚝뚝하거나 적대적인 눈빛을 보이는 이들과

만날 때도 있습니다.

그때마다 두려움을 느낍니다. 그래서일 겁니다.

우리는 늘 익숙한 사람들과 어울리면서

예측 가능한 삶에 닻을 내리고 싶어 합니다.

그러나 주님은 우리의 안일을 뒤흔들며

새로운 자리로 부르기도 하십니다.

두렵지만 그 자리로 힘써 나아가겠습니다.

그곳에서 주님의 동행이 되는 기쁨을 누리게 해주십시오.

아멘.

하나님,

우리 가슴을 열어 주님 앞에

내보이고 싶은 나날입니다.

우리는 오늘도 쓸쓸한 목소리로

"세상의 평화 원하지만 전쟁의 소문 더 늘어간다"고

노래합니다.

호젓한 평화는 영영 허락되지 않는 것인지요?

아주 가끔 눈빛 따뜻하고 부드러운 사람을 만나면

큰 대접이라도 받은 것처럼 마음이 흔연해집니다.

그러나 대부분의 시간 우리는 경계심을 품고 지냅니다.

주님, 우리 속에 깃든 분단의식을 치유해주십시오.

그리고 여전히 나뉘어 있는 이 나라를 긍휼히 여기시어

평화스러운 통일의 길로 인도해주십시오. 아멘.

당신은 바다에

많은 길을   내시어도

18

하나님,
암울한 세상에서 신음하고 있는
우리를 구하여 주십시오.
우리 속에 주님의 숨을 불어넣으시고,
말씀의 등불로 우리 앞을 밝혀주십시오.
게으름과 냉담함에서 벗어나게 해주시고,
하나님의 꿈을 우리 꿈으로 삼고 살게 해주십시오.
거친 세상에 사는 동안 우리는
"나 자신을 지키기 위해서"라는 명분으로
가슴에 창과 칼을 품고 살았습니다.
하지만 그 칼과 창은 우리 스스로를 망가뜨리고 있습니다.
주님, 그 거친 것들을 녹여주십시오.
생명을 품어 기르는 흙을 닮은 사람이 되게 해주십시오.
아멘.

19

하나님,

사람은 꿈을 먹고 사는 존재이지만,

가끔 꿈의 실현이 불가능하다는 절망감이

우리를 압도할 때가 많습니다.

꿈의 실현을 가로막는 방해물들이 너무 많기 때문입니다.

그러나 세상을 떠돌며 살던 아브라함은

한순간도 그 꿈을 버리지 않았습니다.

그 꿈을 버리지 않을 수 있었던 것은

하나님의 약속을 신뢰했기 때문이기도 했지만,

어떤 순간에도 곁을 떠나지 않는 아내 사라가

있었기 때문일 겁니다.

사라가 세상을 떠났을 때 그는 비로소 땅을 얻게 되었습니다.

이 역설 속에 담긴 아픔이 저릿하게 다가옵니다.

주님, 삶이 아무리 고달파도 희망을 버리지 않게 해주시고,

절망의 땅에 희망의 씨를 뿌리는

끈질김을 우리 속에 심어주십시오. 아멘.

당신은 바다에

많은 길을   내시어도

20

하나님,
욕망의 벌판을 질주하는 동안
우리 영혼은 묵정밭으로 변하고 말았습니다.
거룩한 삶의 열망은 간데없고,
온갖 부정적 삶의 습성만이 우리를 온통
사로잡고 있습니다.
가시덤불과 엉겅퀴가 우거진 우리 영혼의 뜨락이
스산하기만 합니다.
주님과의 친밀한 사귐을 통해 거룩한 삶의 열망이
우리 속에서 되살아나기를 소망합니다.
주님의 완벽한 사랑과 지혜 안에서
우리 삶을 재정비하게 해주십시오.
우리 앞에 있는 사람들 하나하나를 하나님이 보내주신
귀한 손님으로 여기며 살게 해주십시오. 아멘.

21

하나님,
허리를 곧게 펴고 당당하게 걷는 이들을 보면
마음이 후련해집니다.
어깨를 구부리고 우울하게 길을 걷는 이들을 보면
덩달아 마음이 답답해집니다.
사도들은 위엄을 갖춘 공의회 회원들 앞에서도
조금도 위축되지 않았습니다.
몸은 죽일 수 있어도 영혼을 가둘 수 없는 이들을
두려워하지 않았기 때문입니다.
우리도 이런 영적 자유를 누리고 싶습니다.
그러나 고난을 회피하면서 자유를 누릴 수 없음을 압니다.
주님의 영을 우리 속에 심어주십시오.
능력과 절제와 사랑의 영으로 거듭난
참사람이 되게 해주십시오. 아멘.

당신은 바다에

많은 길을   내시어도

22

하나님,
과거에 공동체 정신이 살아있을 때는
마을 전체가 연약한 지체들을 보살폈습니다.
그들에게 설 자리를 제공함으로
인간적 존엄을 누리며 살 수 있도록 도왔습니다.
그러나 지금 우리가 살고 있는 세상은
무정하기 이를 데 없습니다.
연약한 이들은 난폭하고 야비한 강자들의
사냥감이 되고 있습니다.
주님은 우리에게 연약한 이들을 보살피라 이르십니다.
그것은 악한 시대정신을 거스르며
하나님 나라를 지향하는 길입니다.
어렵지만 그렇게 살도록 노력하겠습니다.
우리 속에 주님의 숨을 불어넣어 주십시오. 아멘.

23

하나님,

가뭄으로 쩍쩍 갈라진 논배미를

바라보는 것은 참 고통스러운 일입니다.

바닥을 드러낸 호수를 보는 것도 마찬가지입니다.

인정의 황무지에 사는 동안

우리 마음이 그 지경으로 변하고 말았습니다.

물기 없는 영혼은 생명을 품지 못합니다.

삶이 곤고할 때마다 하나님의 도우심을 구했습니다만,

하나님이 기뻐하시는 것이 무엇인지는 묻지 않았습니다.

이제는 옷이 아니라 마음을 찢고 주님께로

나아가고 싶습니다.

회개의 영을 우리 속에 불어넣으시고,

따뜻하고 부드러운 마음으로

세상의 상처입은 것들을 감싸 안게 해주십시오. 아멘.

당신은 바다에

많은 길을   내시어도

하나님,
사람들은 생긴 모습이 다 다른 것처럼
살아가는 모습 또한 다 다릅니다.
다름을 인정하면 별문제가 없지만,
우리는 늘 다른 이들을 교정해주려고 하다가
상처를 입거나 입히곤 합니다.
품이 넓으신 주님을 닮고 싶습니다.
모든 사람을 형제자매로 대하신 그 크신 사랑을
우리 속에 심어주십시오.
주님의 백성으로 부름 받은 이후에
우리 삶이 어떻게 달라졌는지
말이 아니라 몸으로 증언하는 사람이 되고 싶습니다.
우리의 삶이 하나님의 존재를 입증하는
증거가 되게 도와주십시오. 아멘.

하나님,

눈빛 맑은 사람을 보면 저절로 마음이 밝아집니다.

똑같은 사물이나 대상을 보아도

애정 어린 눈으로 바라보고 표현하는 이들과 만나면

우리 마음도 덩달아 따뜻해집니다.

그러나 남의 눈에서 티끌을 빼려는 자세로 일관하는 이들과

만나고 나면 말할 수 없는 피곤함을 느낍니다.

주님은 우리 인생의 모든 때를 아름답게 하셨는데,

눈이 어두운 우리는 그때를 즐기지 못하고 있습니다.

주님, 우리 눈을 밝혀주십시오.

마땅히 보아야 할 것은 보게 하시고,

보지 말아야 할 것은 보지 않는 의지를 허락하여 주십시오.

아멘.

당신은 바다에

많은 길을   내시어도

26

하나님,
누군가의 초대를 받는다는 것은
참 행복한 일입니다.
그들은 내가 잊힌 존재가 아니라는 사실을 일깨워줍니다.
유력한 이들의 초대를 받으면 자랑하고 싶어집니다.
그런 초대 자체가 내 존재의 무게를
입증해주는 것처럼 여겨지기 때문입니다.
하지만 세상에는 초대받지 않는 손님이 참 많습니다.
어딜 가나 눈치를 봐야 하고, 때로는 멸시의 시선을
견뎌야 하는 이들 말입니다.
주님은 그런 이들을 초대하여
함께 생을 경축하라고 이르십니다.
쉽지 않은 요구이지만 그렇게 살아보기 위해
노력하겠습니다.
우리 속에 하늘의 숨결을 불어넣어 주십시오. 아멘.

하나님,

예기치 않았던 어려운 일이 닥쳐올 때마다

우리는 그 원인을 알지 못해 전전긍긍합니다.

'나'의 숨겨진 죄 때문이 아닌가 자책하기도 하지만,

다른 이들을 희생양으로 삼기도 합니다.

희생양으로 선택되는 이들은 대개 약자들입니다.

절통한 일을 겪고도 리스바가 할 수 있는 일은

아무것도 없었습니다.

하지만 골육지친들의 시신 매장을 거부함으로

그는 권력의 무정함을 폭로했습니다.

주님, 이 땅에서도 이런 일들은 끊이지 않고 벌어집니다.

억울하고 절통한 죽음이 일어나지 않는

세상을 이룰 용기를 허락해 주십시오. 아멘.

당신은 바다에

많은 길을   내시어도

하나님,

무정한 세상에 사는 동안

우리 가슴에는 시퍼런 멍이 들었습니다.

서로 도우며 살라고 보내주신 이웃들을

우리는 경계심에 가득 찬 시선으로 바라봅니다.

그들이 우리의 안일한 행복을

뒤흔들지도 모른다는 의구심 때문입니다.

서로 거들고 부축하며 사는 공동체가 무너지면서

우리 삶은 점점 각박해지고 있습니다.

아픔을 겪는 이들을 보면서도 모른 체합니다.

외로움과 쓸쓸함이 진주군처럼 우리를 사로잡습니다.

인색한 마음, 무정한 마음의 감옥에서 벗어나

이웃들과 더불어 삶을 경축하며 살 수 있도록

우리 마음을 넓혀 주십시오. 아멘.

29

하나님,

예기치 않은 시련에 직면한

이들을 만나면 할 말이 없습니다.

위로의 말이 어떤 때는 부질없음을 잘 알기 때문입니다.

그래서 우리는 고통 받는 이들과의 만남을 꺼려합니다.

그렇기에 우리는 욥의 친구들을 비난할 수 없습니다.

그들은 불원천리하고 고통을 겪는 친구를 찾아왔고,

그의 곁에 머물렀기 때문입니다.

고통을 해석하려는 욕망이 끼어들 때

그들의 우정은 흔들렸습니다.

주님, 우리의 굳은 신념이나 믿음이

사람들 사이의 우정어린 결속을 깨뜨리는 도구로

사용되지 않도록 우리를 지켜주십시오. 아멘.

당신은 바다에

많은 길을   내시어도

하나님,

분주함이 신분의 상징처럼 인식되는 세상에서

바장이다보니 우리 마음은 묵정밭으로 변했습니다.

무질서와 황폐함 속에서는 영혼의 꽃을 피울 수 없습니다.

그 때문인지 우리 속에서 그리스도의 향기가

나지 않습니다.

"너희는 외딴곳으로 와서, 좀 쉬어라."

주님의 초대가 어찌나 고마운지 모르겠습니다.

참다운 쉼은 일하지 않음이 아니라,

자기 생각에 몰두하지 않는 것인가요?

주님 앞에 우리 마음을 내려놓습니다.

말씀의 쟁깃날로 우리 마음을 갈아엎으시고,

생명과 평화의 씨를 심어주십시오. 아멘.

5월

사람들은 누구나 기도를 한다. 엄마를 찾는 아기의 울음도 기도이고, 기막힌 재난을 당한 후 하늘만 바라보는 이들의 멍한 시선도 기도이고, 예배당에 엎드린 채 흑흑 흐느끼는 이들의 흔들리는 마음도 기도입니다. 아브라함 조수아 헤셸은 사람들이 기도를 하는 까닭은 "현실의 가장자리에 살면서 그 중심에 닿는 길을 찾기 위해서"라고 말했습니다. 기도자는 하나님의 눈으로 세상을 보고, 하나님의 마음으로 이웃을 대합니다. 그들에게 세상에 가득 찬 고통은 남의 일이 아닙니다. 문제는 그 고통을 해결할 능력이 없다는 사실입니다. 그러니 엎드리지 않을 수 없습니다.

1

하나님,
남에게 방해를 받지 않고,
누구의 눈치도 보지 않고 살고 싶을 때가 있습니다.
삶이 무겁다고 느낄 때마다, 나를 아는 사람이
한 명도 없는 곳에 가고 싶다는 생각에 소스라치곤 합니다.
피부가 상한 자리에 스치는 모든 것들이
다 고통을 안겨주듯이 삶에 지친 우리들은
작은 일에도 비명부터 질러댑니다.
화를 내고, 짜증을 부리는 이들을 보면
저절로 눈살이 찌푸려집니다.
그러나 주님, 이제는 누군가의
이웃이 되기 위해 노력하겠습니다.
겉으로 드러난 모습보다는 다른 이들의 속 깊은 아픔을
헤아릴 줄 아는 사람이 되게 해주십시오. 아멘.

당신은 바다에

많은 길을   내시어도

2

하나님,

경쟁이 일상이 된 세상에 사는 동안

우리는 무능한 사람이라는 낙인이 찍힐까

두려워 전전긍긍하며 삽니다.

각자도생이 보편적 삶의 원리처럼 받아들여지는

이 무정한 세상에서 공포를 내면화하고 살기에

우리는 이웃들의 고통을 돌아볼 엄두를 내지 못합니다.

그런데 성경은 우리가 나그네임을 일깨워줍니다.

지금까지 우리가 하늘에 속한 존재임을 잊고 살았습니다.

새로운 세상을 시작하라고 우리를 불러주신

뜻도 잊고 살았습니다.

주님, 이제는 세상에 있으나 세상에 속한 사람이 아니라

하나님 나라의 시민이 되어 살겠습니다.

우리의 믿음 없음을 불쌍히 여겨주십시오. 아멘.

3

하나님,
우리는 할 수만 있으면 우리의 약한 모습을
사람들에게 드러내려 하지 않습니다.
무시당하거나 이용당할 수도 있다는 우려 때문입니다.
따뜻한 말 한마디 듣고 싶어서 상처를 드러냈다가
그 상처가 더 깊어지기도 합니다.
냉혹한 세상입니다.
하지만 주님은 연약한 이들을 받아들이고
그들의 설 땅이 되어주라 이르십니다.
그런 이들의 벗이 되려고 마음을 낮출 때
주님의 은총이 우리 속에 유입됨을 잊지 않게 해주십시오.
아멘.

당신은 바다에

많은 길을   내시어도

4

하나님,
놀이터에서 신나게 노는 아이들을 보면
절로 행복한 미소가 지어집니다.
미끄럼틀과 그네, 정글짐을 오가면서 지칠 줄 모르고
노는 아이들은 생명이 약동이라는 사실을 일깨워줍니다.
그러나 어른들의 얼굴에는 그늘이 드리워 있습니다.
경계하고, 경쟁하는 일에 익숙해져서
 천진하게 웃을 줄을 모릅니다.
그러하기에 이미 계시된 진리조차 발견하지 못합니다.
주님, 우리 속에서 잊힌 어린아이가 깨어나게 해주십시오.
그래서 경탄하고 기뻐하며 살게 도와주십시오. 아멘.

5

하나님,
딱딱하게 굳어버린 우리 마음을
하나님 앞에 내려놓습니다.
근심과 걱정이 더께처럼 내려앉아
우리 영혼을 짓누르고 있습니다.
하나님이 창조하신 세상을 바라보면서도
경탄할 줄 모르는 우리를 불쌍히 여겨주십시오.
아이들의 해맑은 웃음소리는 삶에 대한
신뢰를 잃지 않은 이들의 아름다움을 보여줍니다.
빈들에 마른 풀 같은 우리 영혼에
은혜의 단비를 내려주십시오.
묵은 땅을 갈아엎고 기쁨의 씨를 뿌리며 살게 해주십시오.
가슴 설레는 일들이 많아지게 해주십시오. 아멘.

6

하나님,
한가롭고 느긋한 평화를 누리는 것이
사치처럼 여겨지는 나날입니다.
도처에서 날선 말들이 오가고,
거칠고 위협적인 표정을 짓는 이들이 늘어나고 있습니다.
가슴에 쌓인 울화를 풀어낼 길 없는 이들이
무고한 어린 생명들에게 위해를 가하는 일도
종종 벌어집니다.
피조물의 신음소리가 도처에서 들려옵니다.
약한 생명을 돌보려는 마음 없이
하나님을 믿는다고 고백하는 일은
얼마나 어리석은 일인지요?
주님, 세상의 모든 아픔을 당신 몸으로 감당하셨던
예수님의 마음을 우리 속에 심어주십시오. 아멘.

하나님,

일이 뜻대로 풀리지 않을 때면

우리는 어디서부터 일이 잘못되었는가 곰곰이 따져봅니다.

자신의 선택을 후회하기도 하고,

누군가 원망할 사람을 찾기도 합니다.

성찰로 이어지지 않는 후회는 우리 가슴에 회한만 남길 뿐

새로운 삶의 원동력이 되지 못합니다.

실수를 범하고, 잘못을 저지르기도 하는 인생이지만,

그러한 부정적 계기를 통해 오히려 하나님의 마음에

더 깊이 접속할 수 있게 해주십시오.

작은 시련의 바람만 불어도 일렁이는

우리 마음의 버릇을 치유해주십시오. 아멘.

당신은 바다에

많은 길을   내시어도

하나님,
우리 마음속에 있는 무지의 어둠을
물리쳐 주십시오.
어둠 속에서는 모든 것이 두렵게 느껴집니다.
어둠이 짙게 밴 우리 마음은 심연을 향해
추락을 거듭합니다.
그 때문에 우리 마음은 시커멓게 멍이 들고 말았습니다.
때로는 교만함으로, 때로는 비굴함으로
상처를 숨기곤 했습니다.
하지만 이제 빛 가운데서 진정한 자유를 누리고 싶습니다.
우리의 작음을 인정하고 하나님의 크심 앞에
겸손히 엎드리는 사람이 되게 해주십시오.
하늘빛 고요를 우리 속에 심어주십시오. 아멘.

9

하나님,

진흙에 불안을 더하면 인간이 되고,

인간에서 불안을 빼면 진흙이라고 노래한 시인이 있습니다.

삶의 비애가 무겁게 우리를 짓누를 때가 있습니다.

나의 있음이 복이 아니라 저주처럼 느껴질 때도 있습니다.

희망과 절망, 빛과 어둠, 선과 악, 기쁨과 슬픔이

씨줄과 날줄처럼 얽혀 우리 인생을 빚고 있습니다.

그럼에도 우리가 생을 포기하지 않는 것은

주님의 사랑이 우리를 감싸고 계심을 알기 때문입니다.

이제는 그 사랑의 신비 안에 머물면서

주님의 영광을 오롯이 드러내기 위해 노력하겠습니다.

주님, 우리의 빛이 되어주십시오. 아멘.

당신은 바다에

많은 길을   내시어도

하나님,

부정한 세상에 사는 동안

우리 가슴은 돌가슴으로 변했습니다.

이웃들이 고통을 겪는 것을 보면서도

그저 혀를 찰 뿐 어찌해야 할 바를 모릅니다.

외로운 이들은 홀로 외로움을 견디고,

괴로운 이들은 홀로 그 고통의 심연을 건너야 합니다.

그러나 주님은 그런 아픔을 외면하지 않으셨습니다.

인종, 종교, 문화, 계급, 민족 등 사람을 갈라놓는

인위적 장벽을 넘나들며 아픔을 치유하셨습니다.

종의 아픔을 차마 외면할 수 없었던 백부장의 마음이

주님의 사랑과 만나자 치유의 빛이 태어났습니다.

우리도 그 빛 안에 머물게 해주십시오. 아멘.

하나님,

"나는 누구이고 당신은 누구십니까?"

성 어거스틴이 바쳤던 이 기도가 우리의 기도입니다.

하루하루 분주한 일상에 치이며 살다 보니

우리는 존재-망각 속에 갇히고 말았습니다.

세상에 대한 정보는 넘치지만 정작

우리가 왜 이 세상에 왔는지 잊고 말았습니다.

"나는 빛으로서 세상에 왔다" 하신 주님의 말씀이

죽비처럼 우리 마음을 뒤흔듭니다.

주님을 믿고 따르는 우리들도

삶으로 빛을 밝혀야 함을 깨닫습니다.

주님, 세상이 어둡다고 투덜거리는 사람이 아니라

작은 등불이나마 밝혀드는 사람이 되게 해주십시오. 아멘.

당신은 바다에

많은 길을   내시어도

12

하나님,
어느 시인은
"남의 상처에 들어앉아 그 피를 빨아 사는 기생충이면서
아울러 스스로 또한 숙주"(정현종)인 인간이
두루 불쌍하다고 말합니다.
우리는 가끔 남을 비난하고 비판함으로
자신의 정당성을 입증하려는 유혹에 시달립니다.
남들이 내게 가하는 비판은 아파하면서도
내가 남에게 가하는 비판에 가차가 없는 것은
우리 속에 빛이 없기 때문입니다.
주님, 이웃들의 부족함을 채워줄
따뜻한 마음을 주십시오.
이웃들 속에 숨겨진 아름다움을 볼 수 있는
눈을 열어주십시오. 아멘.

13

하나님,

세상에는 알 수 없는 것투성이입니다.

오늘 옳게 보이는 것이

내일은 그른 것으로 판명나기도 하고,

오늘 그릇된 것처럼 보이는 것이

내일은 옳게 판명나기도 합니다.

우리는 늘 시대의 한계, 인식의 한계 속에서 살아갑니다.

그 한계를 인정하는 일이 쉽지만은 않습니다.

선악과를 따먹은 인간은 누구나

다른 이들의 판관이 되고 싶어 합니다.

주님, 우리에게 겸허한 마음을 심어주십시오.

하나님을 경외하는 마음을 품고

이웃들을 대하게 해주십시오.

여백이 없는 답답한 사람이 아니라

분명한 입장을 갖고 살면서도

여백이 큰 사람이 되게 해주십시오. 아멘.

많은 길을   내시어도

14

하나님,

우리를 자유의 길로 인도해주셔서 감사합니다.

세상에는 우리를 붙들고 놓아주지 않는 것들이 많습니다.

버리고 떠나면 그만이지만,

세상은 끊임없이 우리 속에 공포를 주입하기에

우리는 주저주저하며 옛 생활에 묶인 채 살아갑니다.

이제는 복음이 주는 참된 자유를 누리고 싶습니다.

명랑하고 천진하게 생을 대하고, 맑고 깊은 사랑으로

사람들을 대하고 싶습니다.

이런 우리의 꿈을 포기하지 않도록 우리를 지켜주십시오.

그리고 우리 속에서 사랑의 샘물이 고갈되지 않도록

하늘의 숨을 불어넣어 주십시오. 아멘.

15

하나님,

얼이 빠지고 간담이 녹는 것 같은 일을 만날 때마다

"우리가 참 작구나" 자탄하지 않을 수 없습니다.

그렇게도 든든하게 우리를 지켜줄 줄 알았던 것들이

다 지푸라기 인형처럼 변할 때

우리는 비로소 하나님을 향해 눈을 듭니다.

자비롭고 은혜로우시며 노하기를 더디하고 한결같은

사랑과 진실이 풍성하신 하나님께 우리 삶을 맡길 때,

우리 마음은 잔잔해집니다.

풍랑이 지나갔다 하여

이 마음을 잃어버리지 않도록 지켜주시고,

소원의 항구로 우리를 이끌어주십시오. 아멘.

당신은 바다에

많은 길을   내시어도

16

하나님,

우리는 자기의 잘못에 대해서는 관대하고

다른 이들의 잘못에 대해서는 가혹한 판관이 되곤 합니다.

우리가 누군가를 함부로 정죄하는 것은

그를 깊이 알지 못하기 때문인지도 모르겠습니다.

연루되는 게 싫어서, 혹은 관계가 틀어질까 봐

형제자매의 잘못을 보면서도 모른 체할 때도 있습니다.

그러나 주님은 온유한 마음으로 그런 이들을

바로잡아 주어야 한다고 말씀하십니다.

주님의 마음이 우리 속에

강물처럼 흐를 때만 할 수 있는 일입니다.

주님, 우리 속에 주님의 마음을 심어주십시오. 아멘.

하나님,
오랫동안 친밀하게 지내던 사람들이
이익이 걸린 문제 앞에서 등을 돌리는 일이 많습니다.
이익과 손해를 계산하는 마음이 인간관계를 규정지을 때
우정은 가뭇없이 스러지고 맙니다.
롯은 철부지였을지 모르지만 악한 사람은 아니었습니다.
우리는 그를 비난할 수 없습니다.
우리도 일쑤 그런 선택을 하기 때문입니다.
자기의 기득권을 내려놓으면서도
원망에 빠지지 않는 사람만이 평화를
만들 수 있음을 압니다.
주님, 우리 속에서 생명과 평화의 꿈이
소멸되지 않게 해주십시오. 아멘.

18

하나님,

살랑살랑 불어오는 바람이

얼굴을 스치면 행복해하다가도, 거친 바람을 만나면

마치 큰일이라도 난 것처럼 호들갑을 떠는

우리를 불쌍히 여겨주십시오.

기쁨도 슬픔도 우리 삶의 일부임을

겸허히 받아들일 수 있게 해주시고,

사람들의 변덕스러운 평판을 따라 춤추다가

삶의 리듬을 잃지 않게 해주십시오.

하나님의 뜻을 행하려다 어려움을 겪어도

투덜거리지 않게 해주시고,

사람들의 덧없는 칭찬에 마음을 빼앗기지 않게 해주십시오.

주님과 함께 주님을 향해 나아가는

순례자의 본분을 잃지 않게 해주십시오. 아멘.

19

하나님,

남을 속이기는 어려워도

자기를 속이기는 참 쉽습니다.

하나님을 사랑하고 이웃을 사랑하라는

명령을 받들 수 없는 핑계는 차고도 넘칩니다.

자기 연민에 빠진 영혼은 값싼 위안을 구할 뿐,

공적인 책임의 영역에 발을 들여놓지 않습니다.

복잡한 세상에서 사는 동안 우리는 스스로를 지키기 위해

무감각과 무관심으로 무장하고 있습니다.

그래서 이웃들의 삶의 자리에 다가서지 못합니다.

주님, 우리를 불쌍히 여기시고 아픔에 반응할 줄 아는

따뜻한 심성을 우리 속에 창조해주십시오. 아멘.

당신은 바다에

많은 길을   내시어도

20

하나님,
진퇴양난의 상황 속에 빠져들 때
정신은 아뜩해지고 현기증이 찾아옵니다.
돌이켜 보면 그런 기가 막힌 순간이 많았는데,
어떻게 그 상황을 극복했는지 기억조차 나지 않습니다.
그러나 이제는 압니다.
가장 절박했던 그 시간 하나님의
보이지 않는 손길이 우리를 붙잡으셨고,
길이 없는 곳에 길을 열어주셨습니다.
그 사랑과 은총을 경험한 사람답게
이제는 담대하게 살고 싶습니다.
주님, 우리가 마땅히 가야 할 길을 가르쳐주십시오.
비록 그 길이 좁은 길이라 해도
희망의 노래를 부르며 뚜벅뚜벅 걷게 해주십시오. 아멘.

하나님,

유대의 옛 전설은 사람은 누구나

다 하늘에서 내려왔다고 전합니다.

이 땅에 잠시 머물다가 '돌아오라'는 부름을 받는 순간

하늘로 올라가야 하는 것이 인생이라는 것입니다.

그런데 우리는 이 땅에 사는 동안 하늘을 잊고 말았습니다.

영혼은 남루해졌고, 시야는 좁아졌습니다.

자신의 몸을 통해 그리스도의 존귀함이 드러나기를 바랐던

바울 사도의 진솔한 고백이

우리의 부끄러운 삶을 뒤흔듭니다.

주님, 우리도 그런 인생의 목표를 설정하고

살 수 있게 해주십시오.

그 길 위에서 벗어나지 않게 해주십시오. 아멘.

22

하나님,
혐오와 선동의 말들이 넘치는 세상에 사는 동안
우리 가슴에는 시퍼런 멍이 들었습니다.
주님을 믿는다고 하는 이들조차
그런 말로 사람들을 현혹합니다.
주님은 당신의 몸으로 불화와 오해와
멸시의 담을 허무셨지만,
주님을 믿는다고 하는 이들은 오히려
그런 담을 쌓고 있습니다.
사람들 사이에 희미하게 존재하는
결속 감정을 보란 듯이 비웃고,
외줄처럼 위태롭게 이어진 연결고리를 끊으려는 이들을
벌하여 주십시오.
하나가 되는 것은 더욱 커지는 일임을
한순간도 잊지 말게 해주십시오. 아멘.

23

하나님,

바람에 뒤치락거리는 나뭇잎을 봅니다.

쉴 새 없이 일어나는 바람에 지칠 법도 하건만

나뭇잎은 푸르게 푸르게 일렁일 뿐입니다.

현실은 우리 바람과는 상관없이 사정없이 우리를 흔듭니다.

고단하고 외롭습니다.

마음의 안식을 누릴 수 없기 때문입니다.

하지만 이제는 압니다.

바로 그 흔들림 자체가 인생임을 말입니다.

원치 않는 일들이 다가온다 해도

그 일을 통해 주님의 마음을 더 깊이 이해하고,

더 나은 사람이 되고 싶습니다.

지치고 낙심하지 않도록 우리 마음을 꼭 붙들어주십시오.

아멘.

당신은 바다에

많은 길을   내시어도

하나님,

말과 삶이 틈 없이 일치된 삶을 사는 것은

그저 헛된 바람일 뿐인 걸까요?

사람은 생각하는 대로 살지 못하고,

사는 대로 생각한다는 말을 두려움으로 기억합니다.

에너지로 가득 찬 주님의 말씀은 창조의 힘이었습니다.

우리도 말로 세상을 창조합니다.

그런데 우리가 빚어내는 세상은 어둡습니다.

죽이는 말, 모독하는 말, 냉소하는 말이 넘치는

세상에 사느라 우리는 지쳤습니다.

이제 주님의 말씀 안에 머물며

새로운 세상을 만들고 싶습니다.

진리가 주는 자유로움 속에서 늘 새로운 세상을

열어가는 이들이 되게 해주십시오. 아멘.

25

하나님,

삶이 곤고할 때면 우리는

누가 시키지 않아도 하나님께 부르짖습니다.

절박함은 우리를 겸허하게 만듭니다.

하지만 삶이 평안할 때 우리는 하나님을 잊곤 합니다.

하나님을 잊기에 이웃들의 절박한 소리에도

귀를 닫고 삽니다.

좋은 집에 살고, 재산이 늘어나는 것을

싫어할 사람은 없습니다.

그러나 그 풍요로움이 하나님을 잊는 빌미가 된다면

그것은 복이 아니라 화입니다.

주님, 상황이 어떠하든지 하나님의 마음에서

벗어나는 일이 없도록 우리를 지켜주십시오. 아멘.

당신은 바다에

많은 길을   내시어도

하나님,

캄캄한 어둠 속에 머물 때면 공포가 밀려옵니다.

어둠은 우리의 통제를 벗어나 있기 때문입니다.

어디선가 희미한 빛이라도 보이면 그나마 안심이 됩니다.

마치 그 빛이 우리를 어루만지는 것처럼 느껴집니다.

그러나 인공의 불빛이 휘황한 도시에서 사는 이들도

두려움을 온전히 떨쳐내지 못합니다.

우리 속에 있는 빛이 어둡기 때문입니다.

주님, 우리에게 사랑의 빛, 겸손의 빛,

따뜻함의 빛, 지혜의 빛을 비춰주십시오.

그 빛으로 세상을 보고,

그 빛으로 세상을 물들이게 해주십시오. 아멘.

하나님,

세상에 만연한 고통을 보면서

우리는 때때로 아파하지만,

대부분의 순간 덤덤하게 그런 일들을 바라보곤 합니다.

고통에 너무 예민하게 반응하다가는

스스로 견딜 수 없을지도 모른다는 공포심 때문입니다.

우리는 어느새 딱딱한 껍질로 자기의 여린 속을

보호하려는 갑각류처럼 변하고 말았습니다.

이웃의 고통을 덜어주기 위해 몸을 낮추기보다는

그 고통의 원인을 해석하려 했습니다.

이제는 주님의 마음을 닮고 싶습니다.

모든 아픔에 다 반응할 수는 없겠지만

그래도 우리 곁에 있는 이들의 신음에는

응답하는 사람이 되게 해주십시오. 아멘.

당신은 바다에

많은 길을   내시어도

하나님,

도무지 쉴 줄 모르는 인간은 다른 사람들은 물론

피조세계에도 폭력적일 때가 많습니다.

일은 하나님이 인간에게 주신 원초적 복이지만,

그 일이 고역이 되기도 합니다.

그 때문에 주님은 안식일을 지키라 명하셨습니다.

안식일은 하나님의 창조 리듬에 따라

우리 삶의 리듬을 조율하는 시간입니다.

안식년을 지키라 하신 주님,

땅은 하나님의 창조의 파트너입니다.

그런데 우리는 그 땅을 거덜 내고 말았습니다.

피조물들은 주님의 아들딸들이 나타나기를 기다립니다.

주님, 땅을 회복하는 일에 우리를 사용하여 주십시오. 아멘.

29

하나님,

어릴 때는 우리를 꾸짖는 이들이

원망스러웠습니다.

꾸지람보다 칭찬을 즐거워했습니다.

나이 들었다 하여 이런 마음이 달라진 것 같지는 않습니다.

그러나 삶이 가리산지리산 어지러울 때면

누군가 정신이 바짝 들도록 꾸짖어 줄 사람이

그립기도 합니다.

스승이 없다는 것처럼 쓸쓸한 일은 없습니다.

주님, 우리가 마땅히 가야 할 길에서 벗어날 때마다

인생 채찍으로 우리를 치시고,

가시 울타리로 우리 길을 막아주십시오.

주님의 말씀으로 우리를 두드리고 짓밟고 펴주십시오.

아멘.

당신은 바다에

많은 길을   내시어도

30

하나님,
우리는 큰일 때문이 아니라
다른 이들과 맺는 관계의 어려움 때문에
낙심할 때가 많습니다.
따뜻한 정을 나누며 살던 이웃이
어느 날 싸늘한 표정을 지으며 등을 돌릴 때
우리 마음은 피를 흘립니다.
위기에 처해서도 길벗의 안위를 염려했던
다윗의 마음을 배우고 싶습니다.
이해관계에 따라 흔들리지 않는 사람이 되고 싶습니다.
풀꽃 한 포기를 위해 몸의 한편을 내주는 바위처럼
우리도 누군가의 품이 되어 살게 해주십시오.
주님의 빛과 진리 안에서 뚜벅뚜벅
의의 길을 걷게 해주십시오. 아멘.

하나님,

농부들의 인내를 배우고 싶습니다.

그들은 아무리 가물어도 파종을 포기하지 않습니다.

메마른 대지에 물을 대기 위해 수고를 아끼지 않습니다.

싹이 돋아나지 않을 때는 움씨를 뿌리기도 합니다.

조급증이 날 만도 하건만,

그들은 묵묵히 그런 일들을 반복합니다.

땅이 속이지 않으리라는 확신이 있기 때문일 겁니다.

주님, 우리는 역사의 주인이 하나님이심을 믿습니다.

역사가 퇴행을 거듭하는 것처럼 보여도

하나님은 역사가 마땅히 나아가야 할 방향으로

우리를 이끄십니다.

이 근원적 확신 안에 머물며 생명과 평화를 파종하는

우리가 되게 해주십시오. 아멘.

당신은 바다에

많은 길을   내시어도

기도는 우리의 욕망을 이루기 위해 하나님의 능력을 동원하는 수단이 아닙니다. 기도는 하나님의 마음과 깊이 접속하고, 그 마음을 우리 속에 모셔 들이는 것입니다. 우리의 지성과 감성과 의지를 하나님의 마음을 기준음 삼아 조율하는 것입니다. 기도하는 사람은 삶의 한계상황을 만날 때만 엎드리지 않습니다. 그는 생의 한 가운데에서 무릎을 꿇습니다. 하나님의 마음을 모셔 들이기 위해 엎드릴 때 하나님은 상한 갈대와 같은 우리 속에 당신의 숨을 불어넣으시어 하늘 곡조를 연주하게 하십니다.

1

하나님,
은총의 날개 아래 우리를 품어 주십시오.
삶의 곤경에 직면해서야 우리 삶의 주인이
하나님이심을 깨달았습니다.
우리의 약함과 강함이 모두 하나님께 속해 있습니다.
우리 마음을 휘저어놓곤 하는 일들이
매일 매일 벌어집니다.
지금 눈물의 골짜기를 거닐고 있는 이들을 붙들어주십시오.
차마 희망의 노래를 부를 수 없을 정도로
마음이 무너진 이들 속에 하늘의 빛을 비춰주십시오.
"주님은 내가 가진 모든 것"이라고 고백하는 이들 속에
하늘의 생기를 불어넣어 주십시오. 아멘.

당신은 바다에

많은 길을   내시어도

2

하나님,

눈코 뜰 새 없이 바쁜 일상 속에서 허둥대다 보면

알 수 없는 비애감이 우리를 사로잡습니다.

아름답고 멋지게 살고 싶은 바람이 크지만

현실은 잿빛일 때가 많습니다.

그러다가도 문득 올려다본 하늘이

구름 한 점 없이 청명하면 마음조차 환해집니다.

잊고 있었던 맑음의 세계와 아름다움이

우리의 지친 영혼을 치유해줍니다.

세상 만물 속에 하나님의 숨결이

깃들어 있음을 깨닫게 도와주십시오.

그 신비 앞에서 경탄하고 기뻐할 줄 아는

사람이 되도록 우리를 이끌어 주십시오. 아멘.

3

하나님,

사람은 밥으로만 사는 것이 아니라

의미를 먹고 사는 존재임을 이제는 확연히 깨닫습니다.

보람 있는 일에 투신할 때는 피로를 느끼지 않지만,

무의미한 일을 반복적으로 수행하다 보면

스스로에 대한 모멸감에 몸서리를 치기도 합니다.

삶이 힘겹다는 생각이 들 때마다 그 현실에서

벗어나고 싶다는 생각에 사로잡히기도 합니다.

그러나 주님, 매일 반복되는 일상이야말로

우리가 삶의 의미를 구성해야 하는 현장임을

잊지 않게 해주십시오.

우리를 하나님 나라에 합당한 이들로 바꿔주십시오. 아멘.

당신은 바다에

많은 길을   내시어도

4

하나님,
예수님은 깊은 자괴감에 빠져 있던
제자들을 책망하지 않으셨습니다.
오히려 지친 그들을 위해 아침 식사를 준비하셨습니다.
그 가없는 사랑은 두려움과 공허에 사로잡혔던
제자들의 마음을 심연에서 끌어올리는 줄이었습니다.
"네가 나를 사랑하느냐?" 이 질문과 마주하고 보니
가슴에 전율이 입니다.
주님을 진심으로 사랑하고 싶습니다.
주님을 사랑할 방법을 찾기 위해 노력하겠습니다.
일상 속에서 낯선 이의 모습으로 다가오시는 주님을
따뜻한 사랑으로 맞이하겠습니다.
주님, 우리의 어두운 눈을 밝혀주십시오. 아멘.

5

하나님,

삶이 권태로울 때면

우리는 낯선 곳으로 떠나고 싶어 합니다.

새로운 장소와 만남이 주는 긴장이

살아있다는 감각을 생생하게 일깨워주기 때문입니다.

그러나 정작 우리가 떠나야 할 것은 특정한 장소가 아니라

익숙한 것에 집착하는 우리의 마음입니다.

삶의 불확실함을 피하고자 하는 욕망 때문에

우리는 신앙의 모험에 나서지 못합니다.

주님이 부르시는 삶의 자리에 서지 못합니다.

우리의 나태함을 꾸짖어 주십시오.

버리고 떠나는 삶을 연습하게 도와주시고,

그 가운데 참된 자유를 맛보게 해주십시오. 아멘.

당신은 바다에

많은 길을   내시어도

6

하나님,
세상에서 겪은 많은 일들이
때로 신음소리가 되어 우리를 괴롭힐 때가 있습니다.
상처를 핥는 짐승처럼 우리는 상처의 기억에서
벗어나지 못합니다.
희망의 노래를 부르고 싶어도
목소리가 목구멍을 빠져나오지 못할 때가 많습니다.
주님, 어떤 경우에도 일어서는 사람이 되고 싶습니다.
우리를 위협하고 비웃는 이들이 많다 해도
기어코 해야 할 일을 감당하는 사람이 되고 싶습니다.
삶이 아무리 암담해도 주님은
우리의 빛과 길이심을 잊지 않게 해주십시오. 아멘.

7

하나님,
벽 앞에 선 것처럼 암담할 때가 있습니다.
완강하게 소통을 거부하는 듯한 표정과
자꾸 마주치다 보면 우리 마음도 닫히고 맙니다.
벽을 밀면 문이 된다고들 말하지만
벽을 밀 엄두가 나질 않습니다.
우리는 벽 너머의 세상을 제멋대로 상상할 뿐,
그 너머에 있는 이들의 아픔을 이해하지 못합니다.
주님, 광야와 메마른 땅 같은 세상을 탓하기보다는
씨앗을 심고 물을 주고 벌레를 잡아주어
꽃을 피워내는 사람이 되고 싶습니다.
지레 지치지 않도록 우리 속에
주님의 생기를 불어넣어 주십시오. 아멘.

당신은 바다에

많은 길을   내시어도

8

하나님,
큰일을 꿈꾸면서도 작은 일은 소홀히 하는
우리들을 불쌍히 여겨주십시오.
그리스도인들은 온 세상을 사랑하지만
정작 가장 가까이에 있는 이들을 사랑하지 못한다는
도스토예프스키의 지적이 통렬하게 다가옵니다.
사랑은 누군가와 연루되는 것이고,
수고를 통해서만 입증되는 것임을 잘 압니다.
이제는 말로만 사랑하는 사람이 아니라
몸으로 사랑하는 사람들이 되고 싶습니다.
할 수 있는 한 모든 이들에게, 할 수 있는 한 모든 순간에,
할 수 있는 한 모든 방법으로, 할 수 있는 한 오랫동안
사랑하며 살도록 우리에게 은총을 내려주십시오. 아멘.

9

하나님,

사람은 누구나 안락하고 편안한 삶을 구합니다.

새로운 것을 추구하면서도

습관처럼 익숙한 것으로 돌아가곤 합니다.

그러나 예기치 않은 일들이 찾아와

우리 삶을 뒤흔들어 놓을 때가 있습니다.

그동안 애집하던 것들조차 우리를 지켜주지 못할 때

마치 광야에 선 듯 마음이 스산해집니다.

하지만 광야는 우리 삶이 정초 되어야 할

소중한 가치가 무엇인지를 일깨워줍니다.

주님, 버릴 것은 단호하게 버리고,

붙잡아야 할 것은 꼭 붙들 수 있는

용기를 우리 속에 심어주십시오. 아멘.

당신은 바다에

많은 길을   내시어도

하나님,
삶이 고단하고 팍팍하기 때문인지
사람들은 뜻하지 않은 행운이 자기에게
찾아오기를 바랍니다.
그런 헛된 바람을 한번 웃음으로 소비하면 그만이지만,
그런 생각에 사로잡히는 순간 삶이 지리멸렬해집니다.
"왜 사는지를 알면 어떻게든 살 수 있다"는 격언처럼
우리에게 정말 필요한 것은 삶의 방편이 아니라
삶의 의미입니다.
하나님의 정념을 품고 살기를 원했던 엘리사처럼
우리 또한 하나님의 마음에
깊이 접속된 사람이 되어 살게 해주십시오. 아멘.

11

하나님,

수고하고 무거운 짐 진 자를 부르시는

주님의 음성이 참 달콤했습니다.

우리는 상처투성이인 몸과 마음을 가지고 주님 앞에 나와

응석받이처럼 위로를 기다리곤 했습니다.

그러나 주님은 나의 멍에를 메고 내게 배우라 하십니다.

울고 싶을 때 뺨 때려주는 격이라는 말이 떠오릅니다.

힘겹지만 주님의 말씀을 따르겠습니다.

지긋지긋한 자기 연민에서 벗어나

예수님의 마음으로 이웃을 대하겠습니다.

"너희가 서로 짐을 지라"는 권고를 따르겠습니다.

그 길 위에서 낙심하거나 지치지 않도록

우리를 보호하여 주십시오. 아멘.

당신은 바다에   많은 길을   내시어도

12

하나님,
든든한 줄만 알았던 삶의 토대가 흔들릴 때면
우리는 어찌할 줄 몰라 허둥거립니다.
내 것이라 생각했던 것들이 홀연히 사라지고 나면
허무가 그 빈자리를 채웁니다.
삶이 온통 뒤죽박죽으로 변할 때
근본을 성찰할 수 있는 용기와
여백을 우리에게 허락하여 주십시오.
삶의 꼴을 새롭게 가다듬고,
하나님을 진심으로 경외하는 새사람이 되게 해주십시오.
주님이 이끌어 주시지 않으면 우리는
눈먼 사람처럼 더듬거릴 수밖에 없습니다.
세상의 유혹에 이끌리지 않도록
우리 마음을 든든히 붙잡아 주십시오. 아멘.

13

하나님,

기대가 크면 실망도 크다는 말을

우리는 날마다 실감하며 삽니다.

우리는 다른 사람들이 우리 마음에 맞게

행동해주기를 바랍니다.

그런 바람이 무너질 때 서운한 감정에

사로잡히거나 적대 감정을 품기도 합니다.

그러면서도 우리는 다른 이들의

마음을 헤아리는 일을 소홀히 합니다.

부끄럽지만 이기적이고 편협한 우리 마음을

주님 앞에 내려놓습니다.

좁아진 마음을 넓혀주시고,

더러워진 마음을 깨끗이 닦아 주십시오.

먼저 용서하고, 먼저 다가가고,

먼저 말을 건넬 용기를 우리 속에 심어주십시오. 아멘.

당신은 바다에

많은 길을   내시어도

하나님,

아름답고 웅장한 고대의 유물을 볼 때마다

그 장엄함에 놀라곤 합니다.

그러다가 문득 그 건축물을 세우기까지 얼마나 많은 이들이

희생되었을까 생각하는 순간 마음이 아뜩해집니다.

흙으로 제단을 쌓으라 명하신 그 마음,

굳이 돌을 쓰려거든 다듬지 않은 돌을 사용하라 하신

주님의 섬세한 배려가 그저 놀랍고 고마울 따름입니다.

누릴 것을 다 누리며 살던 이들은

"세리와 죄인의 친구"라며 예수님을 조롱했습니다.

하지만 오늘의 교회가 서야 할 자리가 바로

그런 아픔의 자리임을 우리는 잊지 않게 해주십시오. 아멘.

하나님,

"영혼의 눈에 끼었던 무명의 백태가 벗겨지며

나를 에워싼 만유일체가 말씀임을 깨닫습니다"(구상)라고

고백한 시인의 마음이 참 아름답습니다.

우리는 많은 것을 누리며 살면서도 늘 결핍된 것들에

마음을 빼앗겨 감사를 잊고 삽니다.

하나님이 지으신 세상을 보면서도 무덤덤하게 지냅니다.

그로 인해 영혼은 궁핍해졌습니다.

당연의 세계에는 감사가 없습니다.

주님, 우리가 누리고 있는 모든 것들이 당연한 것이 아니라

하나님의 선물임을 알아차리며 살도록

우리 눈을 열어주십시오. 아멘.

많은 길을　　　　내시어도

16

하나님,

슬픔과 분노로 인해

심장이 멎을 것 같은 고통을 느낄 때,

불의한 이들이 의로운 이들을 억압하고,

사악한 이들이 정직한 사람들을 조롱하는 세상으로 인해

낙담할 때 우리는 깊은 침묵 속에 계신

하나님을 원망합니다.

평안도 위안도 없는 삶이 우리 마음을 조각조각 찢을 때면

절망의 어둠이 확고히 우리를 사로잡습니다.

그러나 주님은 우리를 고아처럼 버려두지 않으십니다.

새로운 삶을 시작할 용기를 우리 속에 심어주십시오.

절망의 땅에 희망을 파종하는 일은

우리 힘만으로는 불가능합니다.

주님, 우리 속에 하늘의 숨결을 불어넣어 주십시오. 아멘.

하나님,

만나기 꺼려지는 이들이 있습니다.

살아가는 방식이나 지향이 다른 이들을 만나면

본의 아니게 불쾌한 상황에 직면할 때가 많습니다.

그래서 우리는 마음에 맞는 이들과만

친밀한 관계를 유지하려 합니다.

하지만 주님은 우리가 만나고 싶지 않은 이들에게

가라 하십니다.

아나니아는 그 명령에 순종함으로

하나님의 은총을 매개했습니다.

하나님이 귀하게 세우신 사람들을

우리 멋대로 판단하고 도외시하는 어리석음에

빠지지 않도록 우리 마음을 넓혀주십시오. 아멘.

하나님,

사람답게 산다는 게 뭔지 잘 알면서도

우리는 그것과 거리가 먼 행동을 합니다.

게으름과 냉담 속에서 우리에게 위임된 일들을

소홀히 합니다.

세상에 정신이 팔린 채 지향해야 할 목표를 잊고 삽니다.

욕망의 벌판에서 살아남기 위해 발버둥 치다가

그만 하나님의 형상을 잃어버리고 말았습니다.

이제 다시 시작하고 싶습니다.

기뻐하는 이들과 함께 기뻐하고,

슬퍼하는 이들과 함께 슬퍼하고,

아름다움 앞에 멈춰서고, 누군가의 짐을 덜어주기 위해

기꺼이 몸을 낮추는 사람이 되게 해주십시오. 아멘.

하나님,

허둥지둥 정신없이 질주하며 살지만

정작 마음은 스산하기 이를 데 없습니다.

친밀한 사귐을 갈구하면서도

우리는 누군가와 관계를 맺는 일에 서툽니다.

상처를 받을까 미리 염려할 때가 많습니다.

하지만 주님은 하나 됨의 길로 우리를 부르십니다.

낯선 이들과 만나 공동체를 이루기란

여간 어려운 일이 아닙니다.

우리의 편협한 마음을 넓혀주시고,

이웃들과의 친밀한 만남을 통해 이전에는 경험하지 못했던

기쁨과 든든함을 맛보게 해주십시오. 아멘.

20

하나님,

살다 보면 어느 순간

길을 잃은 것 같은 느낌에 사로잡힐 때가 있습니다.

방향 감각을 잃은 채 시간 속을 떠돌고,

지향해야 할 목표조차 분명하지 않을 때

어지럼증이 몰려옵니다.

그럴 때면 실존의 어둠을 밝혀줄 빛 한 점이 그립습니다.

구름 기둥과 불기둥으로 이스라엘을

인도하셨던 주님과 만나고 싶습니다.

그 빛과 만나 흔들림 없는 발걸음으로 걷고 싶습니다.

외로운 인생길에 지쳐있을 때

슬며시 다가와 손을 내미시는 주님을

알아차릴 분별력을 허락하여 주십시오.

주님과 동행하는 삶을 통해 마침내

하나님의 마음에 이를 수 있게 해주십시오. 아멘.

하나님,

영문도 모른 채 세상의 북소리에 맞춰

달려가고 있는 우리를 긍휼히 여겨주십시오.

아름다운 생을 꿈꿨지만 지금

우리 인생의 집은 누추하기만 합니다.

열정의 허무함, 교만함, 비굴함,

자기 자신에 대한 분노가 우리를 괴롭힙니다.

무너진 우리 마음의 중추를 다시 세우고 싶습니다.

하나님의 마음 위에 인생의 집을 다시 짓고 싶습니다.

주님의 꿈을 가슴에 품은 새사람이 되고 싶습니다.

가난한 마음, 애통해하는 마음, 온유한 마음을

잃어버리지 않도록 우리를 꼭 붙들어주십시오. 아멘.

당신은 바다에

많은 길을   내시어도

하나님,

"아버지께서 이제까지 일하고 계시니,

나도 일한다"는 주님의 고백이 깊은 울림으로 다가옵니다.

하나님의 일터에서 일하라는 부름을 받고서도

우리는 게으름을 피우며 살았습니다.

아무리 애를 써 봐도 세상은 달라지지 않을 거라는

생각에 사로잡혔기 때문입니다.

하지만 주님이 요구하시는 것은

세상 전체를 바꾸라는 것이 아니라,

믿음의 분량대로 성실하게 살라는 것임을

이제야 깨닫습니다.

우리가 선 자리에서 등불 하나를 밝히는

마음으로 살겠습니다.

절망의 파도에 떠밀리지 않도록 우리를 지켜주십시오.

아멘.

23

하나님,
가끔 하나님이 너무 멀리 계신 것 같아
아뜩해질 때가 있습니다.
세상에는 악인들이 득시글거리는데
하나님은 너무 태평하신 것 같아 속상할 때도 있습니다.
욥이 느낀 절망감에 깊이 공감하지 않을 수 없습니다.
삶의 모호성을 견디기엔 우리 의지와 믿음이
너무 연약합니다.
그렇기에 하나님의 자비하심 앞에
엎드리지 않을 수 없습니다.
우리가 무의미의 심연에 빨려 들어가지 않도록 지켜주시고,
하나님에 대한 깊은 신뢰 속에서
오늘을 살아가게 도와주십시오.
주님의 거룩한 현존을 세상 앞에 드러내며
살게 해주십시오. 아멘.

당신은 바다에

많은 길을   내시어도

24

하나님,

사람들은 크고 위대한 것을 갈망합니다.

스스로 이룰 수 없으면 그런 자리에 있는 이들과

자기를 동일시함으로 대리만족을 얻으려 합니다.

어릴 때부터 우리는 크게 되라는 말을 들으며 살았습니다.

경쟁을 내면화하고 살면서 작은 일에

만족할 줄 모르는 사람이 되었습니다.

언제부터인지 삶은 공허해졌고,

시간과 버성기느라 우리 영혼은 멍투성이가 되었습니다.

이제 주님이 가르치신 겨자풀의 천국을

이루기 위해 노력하겠습니다.

사랑과 섬김과 나눔과 돌봄을 통해 세상에 온기를 불어넣는

기쁨을 누리며 살게 해주십시오. 아멘.

하나님,

우리는 다름을 틀림으로 치환할 때가 많습니다.

세상의 모든 사람들은 저마다의 모습으로

피어나는 꽃입니다.

생각과 지향과 삶의 방식이 다른 이들을 만날 때마다

우리는 다소 불편해짐을 느낍니다.

그러나 그런 차이는 더 큰 지평으로 나오라는

일종의 초대장임을 깨닫습니다.

자기의 품성에 따라 성실하게 살아가는

이들의 모습은 아름답습니다.

마르다의 섬김과 마리아의 겸비함을 아울러 갖춘 사람이

될 수 있도록 우리를 이끌어 주십시오. 아멘.

당신은 바다에

많은 길을   내시어도

하나님,

어릴 때부터 우리는 낯선 사람을

경계해야 한다고 배웠습니다.

경계심을 품고 산다는 것은 결국 세상을

적대적 공간으로 인식하는 일입니다.

그런 세상에서 기쁨을 누리기란

여간 어려운 일이 아닙니다.

낯선 곳에 갔을 때 우리를 따뜻하게 받아들여 주는

사람을 만나면 우리는 감사의 심정에 사로잡힙니다.

그는 우리에게 고향을 선물하는 사람입니다.

주님은 낯선 사람, 가장 소외된 사람의 모습으로

우리 곁에 오고 계십니다.

그런 주님을 박대하는 일이 없도록

우리 마음의 눈을 열어주십시오. 아멘.

27

하나님,

"타인의 시선이 나를 타락시킨다",

"타인은 나에게 있어 지옥이다"라고 말한 사람이 있습니다.

그는 타인을 자기 삶을 제약하는

장애물로 인식하고 있는 것 같습니다.

우리도 가끔은 아는 사람 하나 없는 곳에 가서

머물고 싶다는 생각에 사로잡히기도 합니다.

그러나 우리 삶은 더불어 살아가는 이들과 맺는

다양한 관계를 통해 형성됨을

한순간도 잊지 않게 해주십시오.

인생의 소롯길을 함께 걸어갈 사람이야말로

하나님이 보내주신 귀한 이웃임을 명심하며 살겠습니다.

주님, 우리가 맺는 모든 관계의 중심이 되어주십시오. 아멘.

하나님,

하는 일마다 뜻대로 되지 않을 때,

모든 길이 막힌 것처럼 보여 암담할 때면,

우리는 마치 흐르는 모래에 갇힌 것처럼

절망감에 사로잡힙니다.

절망감이 누군가에 대한 원망으로 전환되기도 합니다.

그러나 하나의 문이 닫히면 아홉 개의 문이

열린다는 서양 속담처럼, 막다른 처지는

새로운 삶의 입구임을 잊지 않게 해주십시오.

원치 않는 이주를 해야 했지만

바울과 아굴라는 그렇게 만날 수밖에 없었습니다.

하나님이 하시는 일은 인간의 예측을 뛰어넘습니다.

이해할 수 없다 해도 하나님의 신실하심 앞에

삶을 맡기며 살도록 우리를 이끌어 주십시오. 아멘.

하나님,
더러운 영이 준동하는 시대입니다.
폭력과 혐오가 마치 미세 먼지처럼
우리 일상을 뒤덮고 있습니다.
착한 이들이 조롱받이가 되고,
순진한 사람들은 영악한 이들의 밥이 되었습니다.
악한 영을 향해 "그 사람에게서 나오라" 명하셨던
주님의 도움을 구하지 않을 수 없습니다.
우리를 지배하고 있는 악한 영들을 물리쳐 주시고
주님의 맑은 영을 우리 속에 채워주십시오.
마음 따뜻한 사람들, 생명을 아끼는 사람들이
귀히 여김을 받는 새로운 사회를 열어가도록
우리에게 힘과 능력을 더하여 주십시오. 아멘.

당신은 바다에

많은 길을   내시어도

하나님,

우리는 믿음의 길에서 자꾸 벗어납니다.

허망한 욕심이 우리를 잡아채기 때문입니다.

세상에는 우리 마음을 호리는 유혹자들이 참 많습니다.

진리를 추구하면서도 진리를 피하는 것이

우리의 적나라한 모습입니다.

이제는 그 무연한 상태에서 벗어나

곧장 주님의 마음으로 뛰어들고 싶습니다.

우리의 믿음 없음을 불쌍히 여겨주십시오. 아멘.

기도를 통해 문제가 해결되거나 외적인 상황이 바뀔 때도 있습니다. 사람들은 그것을 기도의 응답이라고 합니다. 하지만 기도의 보람은 문제 해결에만 있는 것이 아닙니다. 우리의 절박한 마음을 그분 앞에 내놓는 순간, 우리를 짓누르고 있던 삶의 무게가 가벼워지고, 우리를 얽매고 있던 속박이 느슨해집니다. 기도는 직면하고 있는 문제에 붙들려 있던 우리 시선을 해방시켜, 더 큰 세계를 보게 합니다. 기도자는 나의 고통을 넘어 타자의 고통과 대면하게 되고, 그 고통의 연대를 통해 하나님의 마음에 접속됩니다. 세상이 이 모양이 된 것은 사람들이 기도의 언저리만 맴돌 뿐 더 깊은 기도의 세계 속에 들어갈 용기를 내지 않기 때문입니다.

1

하나님,
우리는 "너 한 번 세상에 다녀와라" 하는
주님의 명령을 받고 이 세상에 왔습니다.
그러나 시간의 강물에 떠밀리며 살다 보니
우리는 고향을 잊은 존재가 되었습니다.
주님께서 '오라' 하실 때 언제든 돌아가야 할 존재임을
잊고 사는 우리를 불쌍히 여겨주십시오.
누군가에게 뒤질세라 앞만 향해 질주하던
발걸음을 잠시 멈추고
우리의 지향이 바른지 늘 살피며 살도록 이끌어 주십시오.
영원한 빛 안에서 머뭇거림 없이
걸어가도록 힘을 더하여 주십시오. 아멘.

당신은 바다에

많은 길을   내시어도

2

하나님,

뜻을 정하고 사는 이들은 언제나 당당합니다.

상황에 따라 이리저리 흔들리지 않습니다.

가야 할 곳을 알고 가는 이들의 발걸음은 씩씩합니다.

길이 보이지 않아도 그들은 지향을 놓치지 않습니다.

우리는 모두 그리스도라는 푯대를 향해

나아가는 사람들입니다.

그러나 바람에 흔들리는 부평초처럼 우리는 늘 흔들립니다.

아무리 삶이 힘겨워도 뜻과 지향을

잃지 않는 사람이 되고 싶습니다.

세찬 바람이 불 때면 그 바람을 타고

연처럼 높이 솟아오르는 사람이 되고 싶습니다.

믿음 없는 우리를 긍휼히 여겨주십시오. 아멘.

3

하나님,
악의에 찬 말과 근거 없는 뜬소문들이
우리 영혼의 평안을 깨뜨리곤 합니다.
오직 주님께만 집중하겠다고 다짐하지만,
세상의 유혹 앞에서 우리 마음은 이내 흔들리고 맙니다.
우리는 미워해야 할 것을 미워하지 않고,
선한 것을 굳게 붙들지 못합니다.
성령의 이끄심을 따라 살지 못했습니다.
그래서 이웃들을 전심으로 사랑하지 못했습니다.
우리 눈을 열어주셔서 이웃들 속에 있는
아름다움을 보게 해주십시오.
이웃을 다정하게 대하면서 함께 있음을
기쁨을 만끽하며 살게 해주십시오. 아멘.

당신은 바다에

많은 길을   내시어도

4

하나님,

불의한 청지기를 보면 화가 납니다.

주인 앞에서의 모습과 주인이 부재한 자리에서의

모습이 너무나 다르기 때문입니다.

그런데 이런 일은 우리의 일상 속에서도

비일비재하게 빚어지는 현실입니다.

겸손하고 따뜻하던 사람이 지위가 올라갔다고 하여

거드름 피우는 모습을 볼 때면 인간에 대한

신뢰가 흔들리는 것 같아 마음이 아픕니다.

하지만 우리 또한 그럴 수 있는 존재임을

알기에 두렵습니다.

우리 마음에 파수꾼을 세워주십시오.

교만한 마음이 우리 속에 자리 잡지 않도록 지켜주십시오.

아멘.

5

하나님,

삶이 무겁다는 생각에 시달리노라면

우리 발이 점점 수렁 깊이 빠져드는 것 같아 암담합니다.

자기 상처를 핥는 짐승들처럼 우리는

상처에 마음을 둔 채 창조적인 삶을 살지 못합니다.

그런 우리를 든든히 받쳐주시는

하나님의 사랑을 의심할 때도 있었습니다.

그러나 이제 정신을 차리고 주님께 돌아갑니다.

받아주시고 받쳐주시고 안아주시는

그 사랑에 안겨 새롭게 빚어지고 싶습니다.

주님께 우리를 맡기오니 주님 뜻대로 사용하여 주십시오.

아멘.

당신은 바다에

많은 길을   내시어도

6

하나님,

세상에는 배고픈 이들이 참 많습니다.

지구촌의 한쪽에는 기아 선상에 시달리는 인류가 있고,

다른 쪽에는 음식을 쓰레기로 내버리는 이들이 있습니다.

이 냉혹한 세상에서 주님은 우리에게

"너희가 먹을 것을 주라"고 말씀하십니다.

세상의 배고픔을 해결할 능력이 우리에게는 없습니다.

그래서 우리는 주저합니다.

하지만 주님은 지금 우리 곁에 있는 이들의 아프고

절통한 사정을 헤아리고 그들의 문제를

해결해주기 위해 마음 쓰라 이르십니다.

그 작은 시작을 부끄러워하지 않을 때

주님의 역사가 나타날 줄 믿습니다. 아멘.

7

하나님,
거대한 역사의 물결에 휩쓸릴 때마다
우리의 작음을 절감하게 됩니다.
우리가 할 수 있는 일이 아주 작다는 사실을
확인할 때면 절망감에 사로잡히기도 합니다.
게으름과 냉담은 그렇게 내면화됩니다.
그러나 우리는 "내가 너를 돕겠다"는 말씀을 듣습니다.
그 말씀이 천둥소리가 되어
우리 영혼을 뒤흔들고 있습니다.
이제 절망의 산을 부스러기로 만들고
오만의 언덕을 겨로 만드시는
주님의 능력을 의지하고 씩씩하게 살겠습니다.
메마른 광야에 강을 내시는 주님의 능력을
의지하여 세상의 희망이 되고 싶습니다.
주님, 우리와 함께 해주십시오. 아멘.

8

하나님,

사람들은 인간의 역사가

자유의 확대 과정이라 말합니다.

그 말이 그르지는 않습니다.

이전에 비하면 보편적 자유가 많이 확대되었기 때문입니다.

인권에 대한 감수성도 많이 신장 되었습니다.

그러나 우리는 이전보다 더 많은 제약 속에서 살아갑니다.

많은 것을 소유하려는 욕망에 사로잡힌 우리는

욕망의 거미줄에 확고히 포박된 채 버둥거리고 있습니다.

하나님의 뜻을 이루기 위해 모든 것을

다 비우셨기에 주님은 참 자유인이셨습니다.

주님, 그 자유의 길로 우리를 이끌어주십시오.

오직 자유인만이 진심으로 섬길 수 있으니 말입니다. 아멘.

9

하나님,

세상은 두려움으로 가득 차 있습니다.

우리는 낯선 것에 대해 본능적으로 두려움을 느낍니다.

에덴 이후 시대를 살아가는 이들은

모두 적대적인 세상을 경계하며 살아갑니다.

낯선 이들을 지극 정성으로 영접한 아브라함의 모습이

오히려 낯설게 느껴집니다.

적대감이 넘치는 세상에서 환대의 공간을 만들라는

주님의 요청을 받들겠습니다.

어려움이 예기되는 길이지만 낙심하지 않고

걸어갈 수 있도록 우리 속에 힘을 불어넣어 주십시오.

아멘.

당신은 바다에

많은 길을   내시어도

하나님,

세상은 끊임없이

우리 속에 두려움을 주입하려 합니다.

삶의 안전장치를 많이 마련해야 한다고 설득합니다.

그 설득에 넘어간 이들은 할 수 있는 한

많은 것을 축적하기 위해 자기를 착취합니다.

이웃들을 돌보거나, 그들과 삶을 경축하며

살 여유를 누리지 못합니다.

외로움은 깊어가고, 삶은 적막해집니다.

주님, 소유의 많고 적음을 떠나

항상 생의 신비를 경축하며,

다른 이들을 복 되게 하는 삶을 살도록

우리를 이끌어주십시오. 아멘.

하나님,
하루하루 우리는 외로운 참새처럼
두려움에 떨며 삽니다.
지금 누리고 있는 것들이 사라질까 봐 두려워하고,
불확실한 미래로 인해 두려워합니다.
"우리는 사방으로 죄어들어도 움츠러들지 않는다"는
사도 바울의 고백이 천둥소리처럼 울려옵니다.
사나 죽으나 나는 주의 것이라고 고백한 이가
누리는 홀가분함과 당당함입니다.
우리도 그런 자유를 누리고 싶습니다.
"내가 세상을 이겼다" 하신 주님의 선언이
우리 삶의 고백이 되게 하여주십시오. 아멘.

하나님,
우리는 화급한 일을 처리하느라 인생에서
정말 중요한 일들을 소홀히 할 때가 많습니다.
하나님의 형상대로 지음을 받은 존재이건만
우리는 하나님의 모습을 세상 앞에 드러내지 못합니다.
삶의 속도를 줄이고 하나님의 리듬에 따라
살아가고 싶습니다.
삶이 온통 신비라는 것, 우리에게 주어진 삶이
은총이라는 것을 잊지 않겠습니다.
거친 세상을 사는 동안 잃어버린
기뻐하는 능력을 회복시켜 주십시오.
우리가 하나님의 마음을 향해 나아가는
순례자라는 사실을 잊지 않게 해주십시오. 아멘.

13

하나님,

성찬의 빵과 포도주를 마시면서

우리는 주님의 삶과 희생을 떠올립니다.

성찬의 식탁 앞에서 인간 세상의 모든 차별은 지워집니다.

예수님은 사람들이 인위적으로 세워놓은

분리의 장벽을 당신의 몸으로 허무셨습니다.

우리도 장벽 허무는 사람이 되고 싶습니다.

혐오와 차별의 말이 넘실대는 세상에서

울고 있는 이들을 봅니다.

이제는 사람들 앞에 걸림돌을 놓지 않겠습니다.

가장 천대받는 이들의 벗이 되기 위해 몸을 낮추겠습니다.

그 길에서 벗어나지 않도록 우리를 지켜주십시오. 아멘.

당신은 바다에

많은 길을   내시어도

14

하나님,
가야 할 길을 분명히 알지 못하기 때문일까요?
우리는 늘 타인의 눈을 의식하며 삽니다.
다른 이들이 우리를 칭찬하고 인정해주면 기뻐하지만,
비난하고 무시할 때는 상처를 받습니다.
다른 이들의 마음에 맞게 처신하려다 보니
마음속 그늘이 짙어지고 있습니다.
누가 뭐라 하든 하나님의 뜻을 따라 올곧게 걸어가신
예수님의 그 뜻과 의지를 우리 속에도 심어주십시오.
삶으로 하나님의 영광을 드러내며 살게 해주십시오. 아멘.

하나님,

우리는 무시당하지 않기 위해서라도

강해지려 노력합니다. 상처받지 않으려고

자아의 굳은 벽을 세우고 살아갑니다.

행여 우리 속에 있는 연약한 것이 드러날까 봐

전전긍긍합니다.

옛사람은 굳은 것은 죽음에 가깝고

부드러운 것은 생명에 가깝다고 말했습니다.

연약한 자가 세상을 구원한다는 말씀이 참 놀랍습니다.

사랑과 이해와 연민의 마음이 아니고는 평화 세상을

이룰 수 없음을 한시라도 잊지 않게 해주십시오. 아멘.

당신은 바다에

많은 길을   내시어도

16

하나님,

삶의 무게가 우리를 짓누를 때마다

마음속 깊은 곳에 숨어 있던 의심이 머리를 듭니다.

하나님은 전능하신가? 하나님은 선하신가?

하나님은 우리를 사랑하시는가?

우리가 겪고 있는 시련을 못 본 체하시는

하나님이 원망스럽기도 했습니다.

그러나 주님은 우리에게 일상의 삶을

충실히 살아내라 이르십니다.

땅의 현실에 충실할 때 비로소 하늘에 이르는

길을 발견할 수 있다고 말씀하십니다.

이제 허둥거리던 발걸음을 멈추고

현실 속에 하늘을 끌어들이며 살겠습니다.

믿음 없는 우리를 긍휼히 여겨주십시오. 아멘.

하나님,

"잃어버렸습니다. 무얼 어디다 잃었는지 몰라

두 손이 주머니를 더듬어 길게 나아갑니다." (윤동주)

시인의 고백이 참 적실하게 다가옵니다.

우리는 가장 소중한 것을 잃어버리고도

잃어버린 줄 모르고 삽니다.

다른 것에 온통 마음이 팔렸기 때문입니다.

그 때문일까요? 우리 발걸음은 대지에서

유리된 것처럼 허청거리기 일쑤입니다.

"내가 사는 것은, 다만, 잃은 것을 찾는 까닭입니다."

시인의 고백대로 우리도 잃은 것을 찾는 자가 되겠습니다.

우리 발걸음을 인도해주십시오. 아멘.

당신은 바다에

많은 길을   내시어도

하나님,

세상을 바로 이해하기란 얼마나 어려운 일인지요?

표면의 질서를 알아차리기도 어렵지만,

이면에서 작동되는 힘을 이해하기는 더 어렵습니다.

그래서 우리는 대중들이 선호하는 길을 따라

걷기도 합니다.

불안을 피하고 싶기 때문입니다.

라합은 역사를 이끌어 가시는

하나님의 마음을 정확하게 분별해냈습니다.

밑바닥의 시선으로 보았기 때문일 것입니다.

우리에게도 그런 열린 눈을 허락하여 주십시오.

그래서 주님의 역사 섭리를 거스르는

어리석음에 빠지지 않게 해주십시오. 아멘.

19

하나님,
힘들 때나 순탄할 때나 주님의
선하신 뜻을 따라 사는 새사람이 되고 싶습니다.
주님의 뜻에 기꺼이 순복할 마음을 우리에게 주십시오.
무지의 어둠 속에서 방황하는 우리를 붙드시고,
하늘빛으로 우리를 이끌어 주십시오.
흐르는 모래에 갇히듯 세상일에 속절없이 빠져들 때
우리의 손을 잡아 건져주십시오.
우리를 지배하고 있는 두려워하는 영을 거두시고,
당당하게 주님의 뜻을 받드는
담대한 믿음을 허락하여 주십시오. 아멘.

당신은 바다에

많은 길을   내시어도

하나님,
자유롭고 멋지게 살고 싶지만
현실의 벽 앞에서 물러서곤 하는
우리를 불쌍히 여겨주십시오.
불의를 보면 화를 내거나 혀를 차면서도
항거다운 항거를 하지 못하는 것은
불이익을 당할지도 모른다는 공포 때문입니다.
선한 목자이신 주님은 양들을 위해
목숨을 내놓으셨건만 우리는 하나님의 일을 위해
사소한 손해도 보려 하지 않습니다.
우리 속에 있는 두려움의 영을 몰아내고,
자유인의 영을 심어주십시오. 아멘.

하나님,
우리는 스스로 자랑스러운 것만을
남에게 보이고 싶어 합니다.
다른 이들이 알아차리지 못하면 넌지시 드러냄으로
칭찬을 유도하기도 합니다.
부끄러운 모습은 한사코 드러내려 하지 않습니다.
약점을 잡히고 싶지 않기 때문입니다.
그러나 주님은 우리가 숨기고 싶은 모습을
당신 앞에 내놓으라 이르십니다.
상처와 아픔과 부끄러움을 주님 앞에 내보일 때
비로소 치유가 시작됨을 잊지 않게 해주십시오.
주님의 어루만짐으로 우리를 고쳐주십시오. 아멘.

많은 길을　　　　내시어도

22

하나님,

문제를 적당히 해결하고 넘어가고 싶었던

빌라도의 꿈은 좌절되었습니다.

그는 법의 권위를 세우는 데 실패했습니다.

엄정하게 법을 집행하기보다는

대중들의 시선에 이끌렸기 때문입니다.

"모난 돌이 정 맞는다"는 말을 들으며 자란 우리도

정의보다는 평판에 더욱 마음을 쓰곤 합니다.

세상이 어지러운 것은 바로 이런 보신주의 때문입니다.

이제는 정의와 공의가 넘실거리는

세상을 열기 위해 노력하겠습니다.

우리 속에 진실한 믿음의 용기를 심어주십시오. 아멘.

23

하나님,
경건한 사람은 어떤 경우에도
마음의 흔들림이 없어야 한다고 말하는 이들이 있습니다.
그러나 욕망과 욕망이 맞부딪치는 거친 세상에서
마음이 조금도 흔들리지 않는다는 게 가능한 일인지요?
고사목만이 바람에 흔들리지 않습니다.
위선 앞에서 내뱉으신 예수님의 거친 언사가
오히려 우리 마음에 위안이 됩니다.
울어야 할 때는 울고, 웃어야 할 때는 웃고,
분노할 때는 분노할 줄 아는 사람이 되게 해주십시오. 아멘.

당신은 바다에

많은 길을   내시어도

하나님,
태산이라도 무너뜨릴 것 같은 기세로
우상을 섬기는 이들을 몰아치던 엘리야가
두려움에 사로잡힌 모습은 낯설기만 합니다.
전혀 다른 사람을 보는 것 같아 당황스럽습니다.
하지만 정직하게 돌아보면 그게 사람임을
우리는 잘 압니다.
연약함을 꾸짖지 않으시고 말없이
감싸 안으시는 주님의 사랑이 아니면,
우리는 다시 일어설 용기를 낼 수 없습니다.
비록 비틀거리며 걸을지라도 기어코
가야 할 목표에 당도하도록 우리를 이끌어 주십시오. 아멘.

하나님,

가끔 외롭다는 생각에 몸부림칠 때가 있습니다.

곁에 있는 많은 이들이 마치

스쳐지나가는 바람처럼 느껴질 때,

왠지 모를 스산함이 우리를 확고히 감쌉니다.

각자도생을 요구하는 사회에 살면서

외로움은 더욱 깊어가고 있습니다.

벗들과 함께 창의적인 일, 의미 있는 일,

하나님이 기뻐하시는 일을 하고 싶습니다.

남들이 뭐라 하든 말든 우리가 할 수 있고

또 해야 하는 일을 시작할 수 있는

용기를 심어주십시오. 아멘.

당신은 바다에

많은 길을   내시어도

하나님,

가정이나 학교 혹은 사회에서 존중받지 못한다는

느낌이 들 때면 우리는 금세 풀이 죽고 맙니다.

설움과 아픔이 자기 비하의 감정과 중첩될 때

우리는 살아갈 용기를 잃습니다.

그런데 하나님은 마음이 시린 사람의 처지를 누구보다

깊이 헤아리시고, 그에게 새로운 기운을 불어넣으십니다.

우리도 모르는 사이에 우리 속에 깊이 뿌리내린

쓴 뿌리를 제거해주십시오.

옳고 바르게 행함으로 주님의 뜻을 이루게 해주십시오.

아멘.

27

하나님,

이리와 어린 양이 함께 살고,

송아지와 새끼 사자와 살진 짐승이 함께 풀을 뜯는

세상의 꿈은 정녕 어리석은 꿈인지요?

사람은 누구나 한적한 평화를 갈구하지만

세상은 여전히 소란하기만 합니다.

하루도 마음 편할 날이 없는 나날입니다.

하지만 힘들다고 하여 맥없이

현실에 순응하고 싶지 않습니다.

오직 사랑 가운데서만 발견되는

기쁨과 평화를 얻기 위해 분투하겠습니다.

주님의 평화가 우리의 몸과 마음을 통해

이 땅에 발현되게 해주십시오. 아멘.

당신은 바다에

많은 길을   내시어도

28

하나님,

"사람이 빵으로만 살 것이 아니라,

하나님의 입에서 나오는 모든 말씀으로 살 것이다" 하신

주님의 말씀이 새록새록 다가오는 나날입니다.

먹을 것과 입을 것이 넉넉한 시대이지만

마음의 헛헛함은 좀처럼 사라지지 않습니다.

삶의 보람이야말로 우리가 섭취해야 할 일용할 양식입니다.

욕망을 중심에 놓고 살면 이웃을 복되게 할 수 없습니다.

사랑이 우리를 이끌어가는 힘이 되기를 소망합니다.

삶이 빚임을 잊지 않게 해주시고,

그 빚을 갚는 마음으로 오늘과 내일을

살아가는 우리가 되게 해주십시오. 아멘.

29

하나님,

영원한 우방도 없고 영원한 적도 없다는

말이 실감나는 나날입니다.

이익이라는 가치가 의라는 가치를 압도하는 형국입니다.

욕망의 전장에서 살아가는

당신의 백성들을 불쌍히 여겨주십시오.

"뜻이 하늘에서 이룬 것같이 땅에서도 이루어지이다."

역사의 주인이 하나님이심을 잊지 않게 해주시고,

하나님의 마음에서부터 시작된 사랑의 동심원이

물결처럼 번져나가 마침내 온 세상이

주님의 마음으로 통일되는

세상의 꿈을 잃지 않게 해주십시오. 아멘.

많은 길을   내시어도

하나님,

날마다 닥쳐오는 생의 과제를 푸는데

골몰하느라 우리는 하늘을 잊고 살았습니다.

가슴이 답답하고 마음은 무겁기만 합니다.

천진한 미소를 잃은 지 이미 오랜 시간이 흘렀습니다.

권태와 불안이 스멀스멀 우리의 일상을 괴롭힙니다.

히브리의 한 시인은 우리가 이 세상에 있다는

사실에 놀라고,

주님이 하신 일에 감탄하고 있습니다.

시인의 그 마음을 우리에게도 허락하여 주십시오.

우리에게 허락된 지금 이 시간이야말로

영원이 돌입하는 순간임을 잊지 않게 해주십시오. 아멘.

하나님,

마술사 시몬은 악인이 아니라 약자입니다.

사람들의 존경을 받고 싶어 하면서도

그는 진리에 대해서는 청맹과니에 불과했습니다.

믿음의 세계에 발을 들여놓기는 했지만

그는 자기를 부정하는 데 이르지 못했습니다.

그에게 신앙은 다만 자기 확장을 위한 도구였을 뿐입니다.

시몬의 모습에서 우리들의 모습을 봅니다.

가장 귀한 것은 돈으로 살 수 있는 것이 아니라,

하나님의 선물임을 잊지 않게 해주십시오. 아멘.

8월

기도의 마음으로 살 때 우리는 일상의 모든 순간 하나님의 현존을 느낄 수 있습니다. 분주한 생활은 우리에게서 경탄의 능력을 앗아갔습니다. 경탄의 능력이 회복될 때 욕망의 잡아당기는 힘은 줄어듭니다. 장엄하게 떠오르는 해, 하늘의 달과 별, 흘러가는 조각구름, 흰눈을 이고 있는 산봉우리, 흘러가는 강물, 봄 되어 돌아나는 새싹, 수줍게 피어나는 꽃들, 새들의 지저귐, 까르르 웃는 아이들의 모습, 일에 집중하고 있는 사람들, 사랑스레 마주 보고 있는 연인들, 시린 가슴을 부여안은 채 울고 있는 이들⋯. 어떤 시인은 이웃이 흘리는 눈물방울을 통해 하늘을 보았다고 말했습니다. 볼 마음만 있으면 우리는 어디에서나 하늘을 볼 수 있습니다. 감탄하는 것보다 깊은 기도가 또 있을까요?

1

하나님,
조각가 자코메티는
"직립하는 인간이 아름답다"고 말했습니다.
우리를 자꾸 끌어내리는 세상의 중력에서 벗어나
하늘을 향하는 사람이 되고 싶습니다.
하나님의 마음을 기준음 삼아
우리 마음을 조율하며 살게 해주십시오.
우리를 부자유하게 하는 일체의 것들에 대해
'아니오'라고 말하게 해주시고, 힘겹더라도
하나님의 뜻에 대해 '아멘' 하며 살게 해주십시오.
빈들에 마른 풀 같이 시든 우리 마음에
성령의 신바람을 채워주십시오. 아멘.

2

하나님,
주님은 "나는 나를 보내신 분의 뜻을
행하기 위해서 왔다"고 하셨지만,
우리는 보내신 분이 누구인지,
또 무엇을 하라고 보내셨는지
깨닫지도 분별하지도 못한 채 살고 있습니다.
지향이 분명치 않기에 삶은
가리산지리산 어지럽기만 합니다.
하나님의 음성보다 달콤한 유혹자의 음성에
귀를 기울일 때가 많습니다.
넓어 보이던 길이 문득 끊어지고
아득한 심연이 입을 벌리고 있음을 깨달을 때
우리는 비로소 주님께 부르짖습니다.
아둔한 우리를 불쌍히 여겨주십시오.
너무 늦기 전에 주님의 마음을 향해 돌아서게 해주십시오.
아멘.

3

하나님,
에덴 이후 시대를 살아가는 인간은
만족을 모릅니다.
마음에 깃드는 공허함을 채우기 위해 동분서주합니다.
그러나 그 분주한 발걸음이 우리를 인도하는 곳은
또 다른 공허 혹은 혼돈일 뿐입니다.
그럴 때마다 우리는 누군가를 원망합니다.
원망할 대상이 없으면 하나님께 눈을 흘기기도 합니다.
하나님, 우리에게 주신 삶의 분깃을
소중히 여기면서 기뻐하며 살게 해주십시오.
우리를 빚어주신 주님의 뜻에 합당한
삶을 살도록 인도하여 주십시오. 아멘.

당신은 바다에

많은 길을   내시어도

4

하나님,

삶이 뜻대로 풀리지 않고,

세상사 답답할 때면 뭔가 기적적인 일이 벌어져

삶이 일신되었으면 하고 바랄 때가 있습니다.

부질없는 꿈인 줄 알지만, 자꾸 그런 생각에

사로잡히는 것은 삶이 부실하기 때문입니다.

우리에게 주어진 일상의 삶이 기적임을

우리는 종종 잊고 삽니다.

일상 속에 깃든 영원을 보는 눈이 감겼기 때문입니다.

우리 눈을 열어주십시오.

세상에 가득 차 있는 하나님의 암호를

해독하는 기쁨을 한껏 누리며 살게 해주십시오. 아멘.

5

하나님,
세상에는 모욕을 당하는 이들이 참 많습니다.
난민이 되어 세상을 떠도는 사람들,
자기 땅에서 쫓겨난 사람들, 갑질하는 이들 앞에서도
변변히 자기를 지켜낼 수 없는 을들의 비애가
어둠이 되어 이 세상을 뒤덮고 있습니다.
가난한 사람을 억압하는 것은 그를 지으신 분을
모욕하는 것이라는 말씀을 명심하고 살겠습니다.
가진 것 없고, 배운 것 없다 하여
비존재 취급을 받는 사람이 하나도 없는
세상을 이루기 위해 노력하겠습니다.
주님, 우리의 힘이 되어주십시오. 아멘.

당신은 바다에

많은 길을   내시어도

6

하나님,
우리는 오늘이라는 시간을
충실히 누리지 못합니다.
행복은 늘 저만치에 있는 것처럼 느끼기 때문입니다.
"시방 앉은 자리가 꽃자리"라는 시인의 고백은
삶의 곤고함을 모르는 이의 한가한
노래처럼 들리는 게 사실입니다.
하지만 생각해보면 지금을 가장 귀히 여기지 않는다면
우리는 늘 불만과 불안 속에서 살 수밖에 없습니다.
주님의 시간을 분별하는 지혜를 허락하여 주십시오.
인생의 모든 때를 아름답게 하시는
하나님의 섭리에 삶을 맡긴 채, 즐겁게 사랑하고,
성실하게 일하며 살게 해주십시오. 아멘.

하나님,

누군가를 용서하는 일은

꼭 필요한 일이면서도 참 어렵습니다.

상처 입은 마음은 좀처럼 열리지 않기 때문입니다.

몸과 마음에 새겨진 모욕과 수치의 기억을

우리는 적대감으로 바꾸어 마음에 쟁여두곤 합니다.

그런데 주님은 어떻게 당신을 조롱하고

박해하는 무리를 용서하실 수 있었나요?

그 마음을 얻어 보려 노력하지만

우리는 여전히 가해와 피해의 이분법 속에서

벗어나지 못하고 있습니다.

우리를 불쌍히 여기셔서 더 큰 세상과

잇댄 채 살도록 이끌어 주십시오. 아멘.

8

하나님,
그물에 걸리지 않는 바람처럼
자유롭게 살고 싶습니다.
그러나 불안과 두려움이 늘 우리 옷자락을
붙잡고 놓아주질 않습니다.
사도는 "이 시대의 풍조를 본받지 말라"고 말하지만,
우리는 의지와 무관하게 세상에 길들여진 채 살아갑니다.
욕망이 이끄는 대로 나부끼다 보니
우리 삶은 그리스도의 향기가 아닌
악취를 풍길 때가 많습니다.
이 부끄러운 악순환에서 벗어나
그리스도의 개선 행렬에 동참하고 싶습니다.
주님의 맑은 영을 우리 속에 채워주십시오. 아멘.

9

하나님,
그리스도인들을 바라보는
세상의 시선이 자못 따갑습니다.
경멸의 언사와 눈빛을 만날 때마다 속이 상합니다.
우리가 참으로 그리스도의 제자로 살았다면
이런 난감한 상황은 벌어지지 않았을 것입니다.
폐허를 딛고 일어서는 사람들처럼
우리에게도 다시 시작할 용기를 허락하여 주십시오.
진실과 진정으로 사람들에게 다가서게 도와주시고,
이익이 아니라 의를 검질지게 추구함으로
세상의 복이 되게 해주십시오.
이 싸늘한 세상에 봄소식처럼 다가가는 이들이
되게 해주십시오. 아멘.

당신은 바다에

많은 길을   내시어도

하나님,
울타리가 허물어진 집에 사는 것처럼
삶이 스산할 때면
마음 따뜻한 사람들이 사무치게 그립습니다.
저마다 자기 상처를 보듬느라 타인의 상처에
눈길조차 주지 않는 세상이 참 무섭습니다.
그래도 세상에는 조용히 누군가의
울타리가 되어주는 이들이 있습니다.
무심한 듯 건네는 따뜻한 말 한마디와 눈빛은
우리 속에 잠들어 있던 선의 씨앗을 깨우는
봄비와 같습니다.
그 사랑을 받았으니 이제 우리도
사랑의 전령이 되어 살게 해주십시오. 아멘.

11

하나님,

빠르게 변화하는 세상에 적응하느라

우리는 늘 허덕입니다.

시간을 들이고 공을 들여 뭔가를 배우고 익히기보다는,

무한량으로 공급되는 정보의 바다에서

그저 허우적거리는 게 우리 일상이 되었습니다.

'모름'을 인정하려 하지 않으니

참된 '배움'에 이르지 못합니다.

약삭빠른 사람이 아니라 우직한 사람이 되고 싶습니다.

유불리에 따라 처신을 바꾸는 사람이 아니라,

의와 평화를 위해 한 길 가는 사람이 되고 싶습니다.

그 길에서 벗어나지 않도록 우리를 붙들어주십시오. 아멘.

당신은 바다에

많은 길을   내시어도

12

하나님,

광야에 세워진 회막은 소박했지만 아름다웠습니다.

하나님이 임재하시는 장소였기 때문입니다.

예루살렘에 세워졌던 성전은 애초에는 아름다웠으나

결국은 더러워지고 말았습니다.

권력과 탐욕이 영광의 빛을 가렸기 때문입니다.

하나님의 영광이 떠난 성전은 더 이상 성전이 아닙니다.

오늘 더럽혀진 이 땅의 교회들을 회복시켜 주십시오.

주님의 마음을 품게 하시고,

주님의 손과 발이 되어 세상을 변화시키게 해주십시오.

이제 다시 시작할 용기와 희망을 허락하여 주십시오. 아멘.

13

하나님,

세상은 우리가 어떤 사람인가에 주목하기보다는

우리가 가지고 있는 능력에 따라 우리의 가치를 매깁니다.

무능한 사람 취급받지 않으려고 우리는

스스로를 착취하는 일을 서슴지 않습니다.

삶의 여백은 사라지고 남은 것은 피로감뿐입니다.

하나님께서 선물로 주신 모든 재능을

사적 이익을 확보하는 데 사용하기보다는

아름다운 세상을 만드는 일에 활용할

기회와 용기를 허락하여 주십시오. 아멘.

당신은 바다에

많은 길을   내시어도

14

하나님,

거친 세상에 지친 히브리의 시인은

"그의 말은 기름보다 더 매끄러우나,

사실은 뽑아 든 비수로구나"(시편 55:21) 하고 탄식했습니다.

그의 마음이 실감이 되는 나날입니다.

한 번 두 번 상처를 입는 일이 반복되면서

우리 마음은 갑각류처럼 굳게 닫혔습니다.

자신을 지키기 위해서라고는 하지만

그 결과는 쓸쓸함입니다.

주님, 선으로 악을 이길 힘을 주십시오.

어떠한 경우에도 평화를 포기하지 않는

굳건한 믿음을 우리 속에 심어주십시오. 아멘.

15

하나님,
예레미야의 탄식을 들을 때마다
그의 말이 거칠다는 생각이 들면서도
왠지 마음이 시원해지곤 합니다.
적당히 세상과 타협할 생각 없이
하나님의 뜻을 따라 사는 이들은
다 예레미야와 같은 경험을 합니다.
가까운 이들에게조차 등 돌림을 당하기도 하고,
모욕과 상처는 일상이 됩니다.
비록 그런 일을 겪는다 해도 하나님의 말씀을
등지지 않도록 우리를 지켜주십시오.
잠시 동안의 평안을 위해 양심을 저버리는 일이 없도록
우리를 꼭 붙들어주십시오. 아멘.

당신은 바다에

많은 길을   내시어도

16

하나님,

바다에 사는 물고기가

바다의 존재를 의식하지 않듯이

우리는 하나님의 세계에 살면서도

하나님을 잊고 살 때가 많습니다.

더듬어 찾기만 하면 만날 수 있음에도 불구하고,

우리는 하나님을 먼 데 계신 분으로 인식할 때가 많습니다.

우리 눈을 열어주십시오.

세상 만물 속에 이미 와 계신 주님을 보게 해주시고,

세상에 있는 모든 것들이 기적임을 알아차리게 해주십시오.

그런 눈이 열릴 때 우리는 영적 빈곤에서

벗어나게 될 것입니다.

지금 우리가 머물고 있는 땅이

주님이 머무시는 곳임을 잊지 않게 해주십시오. 아멘.

하나님,

굳어진 우리 마음의 지각을 깨뜨려주십시오.

세상에 만연한 아픔을 보면서도

우리는 참 무덤덤하게 지냅니다.

그러는 동안 우리 마음은 묵정밭으로 변했고,

자비와 친절과 온유의 열매를 맺지 못하고 있습니다.

안일한 평안을 구하는 마음으로 인해

우리는 십자가로부터 점점 멀어지고 있습니다.

이제는 이웃의 아픔을 덜어주기 위해

애쓰는 사람이 되고 싶습니다.

주님이 앞서 걸어가신 그 길을

우리도 묵묵히 따르게 해주십시오. 아멘.

18

하나님,

세상은 우리에게 끊임없이 공포심을 주입합니다.

치열한 경쟁 사회에서 한눈을 파는 순간

패배자로 전락할 거라는 생각이

우리를 부자유하게 만듭니다.

경쟁에서 이길 때는 우쭐하지만 패했을 때는

주눅이 들고 맙니다.

패배의 기억은 가슴에 응어리를 만들고,

그 응어리는 돌덩이가 되어 우리를 짓누릅니다.

마땅히 해야 할 일을 하지 못하고, 꿈조차 잃고 맙니다.

우리를 불쌍히 여겨주십시오.

낙담을 떨쳐버리고 "내가 너와 함께 있겠다" 하신

주님의 손을 붙잡고 저 진리의 싸움터에서

용감하게 살게 해주십시오. 아멘.

하나님,

인간의 뜻은 변화무쌍하기에 종잡을 수 없고,

하나님의 마음은 미묘하여 파악하기 어렵습니다.

중심을 잃지 않으려고 애써보지만,

우리는 조그마한 충격에도 휘뚝거리곤 합니다.

거짓이 참의 가면을 쓰고 나타나고,

어둠이 빛의 천사인 양 우리를 속이려 합니다.

참됨은 오직 삶을 통해서만 입증된다는

사실을 잊지 않게 해주십시오.

우리가 믿고 고백하는 것을 삶으로 번역하며 살도록

우리를 이끌어 주십시오. 아멘.

당신은 바다에

많은 길을   내시어도

20

하나님,
좋은 세상은 저절로 오는 것이 아니라
그 세상을 꿈꾸고, 그 세상을 이루기 위해
땀 흘리는 이들을 통해 오는 것임을 믿습니다.
주님 오실 길을 닦는 것을 자신의 사명으로 삼았던
세례자 요한처럼 우리도 새로운 세상의
밑돌을 놓는 사람들이 되게 해주십시오.
바로 지금 여기에 임하는 하나님 나라를
온 힘을 다해 맞아들이게 해주시고,
역사를 총괄 갱신하려는 주님의 일에
기꺼이 헌신하게 해주십시오. 아멘.

하나님,
별이 총총한 밤하늘은
우리를 시원의 세계로 인도합니다.
맑고 푸른 하늘은 우리가 잊고 사는
청정한 세계를 그리워하게 합니다.
마음이 깨끗하고 얼굴빛이 환한 사람들을 만나고 싶습니다.
그 얼굴과 만나 순수하고 아름다운 삶을 꿈꾸고 싶습니다.
예수님과 만난 사람들은 그 얼굴에 깃든
영광을 보았습니다.
그 영광의 빛을 받은 이들은 더 이상
속절없이 세상의 인력에 끌려가지 않았습니다.
우리 눈을 여시어 주님의 영광을 보게 해주시고,
주님과의 깊은 일치를 갈망하는 마음을
우리 속에 심어주십시오. 아멘.

하나님,

누구에게나 삶은 힘겹습니다.

이스라엘의 지혜자는 해 아래 새것이 없다고 말합니다.

우리가 겪는 일은 한편으로는 진부하면서도

다른 한편으로는 늘 낯섭니다.

모든 순간에 적용되는 보편타당한 정답이 없음을 알기에

우리는 늘 고민하며 길을 모색합니다.

삶이 고달프다는 생각이 들 때마다

우리는 뭔가에 도취함으로 현실을 잊으려 합니다.

그것은 자학일 뿐입니다.

새로운 세상의 꿈에 사로잡혀 살도록

우리 속에 하나님의 영을 불어넣어 주십시오. 아멘.

23

하나님,
성경에서 일하라고 부름 받은 것은
사람뿐이었습니다.
하나님이 창조하신 세상을 돌보고
생명을 풍요롭게 하는 것이야말로
하나님의 형상대로 지음 받은 인간의 소명입니다.
우리가 서 있는 삶의 자리는 하나님이
우리를 초대하신 하나님의 밭임을 믿습니다.
성심껏 주의 일을 감당하면서
주님의 은총과 자비를 한껏 누리며 살고 싶습니다.
이웃들이 누리는 기쁨과 행복을 진심으로 기뻐하며
살 수 있도록 우리 마음을 넓혀 주십시오. 아멘,

당신은 바다에

많은 길을   내시어도

24

하나님,

부자 젊은이는 많은 이들의

부러움의 대상이었습니다.

경제적인 넉넉함 뿐 아니라,

경건 생활에도 그는 철저했습니다.

그러나 그는 온전한 믿음의 사람이 될 수 없었습니다.

그가 애집(愛執)하고 있던 '부유함'이

그의 '덫'이 되었기 때문입니다.

삭개오는 모든 사람의 지탄을 받았지만,

그 마음속에 새로운 삶에 대한 갈망이 있었기에,

또 자기 행위에 대한 진정한 돌이킴이 있었기에

그는 영혼의 '닻'을 얻었습니다.

삭개오의 기쁨을 우리도 누리게 해주십시오. 아멘.

하나님,
시절이 악할 때 믿는 이들에게
요구되는 것은 영적인 분별력입니다.
하지만 우리의 기준은 마치 배 위에서
춤을 추는 것처럼 늘 흔들립니다.
이익이 우리 마음을 흔들고,
가까운 이들과의 관계가 우리 눈을 가릴 때가 많습니다.
정신을 차리지 않으면 악한 마귀의 유혹에
넘어갈 수밖에 없습니다.
달콤한 말로 우리를 호리려 하는 마귀를 향해
'사탄아, 물러가라' 외칠 수 있는
담대한 믿음을 허락하여 주십시오. 아멘.

당신은 바다에

많은 길을   내시어도

하나님,

인간의 자기 불화는 극복할 수 없는 운명인지요?

'되고 싶은 나'와 '현실의 나'의 불일치는

우리 속에 깊은 자괴감을 자아냅니다.

대개는 그게 어쩔 수 없는 현실이라고 체념하고 살지만,

바울은 그 불화를 극복하기 위해 노력했습니다.

하지만 그 불화는 오직 주님의 은총 안에서만

극복될 뿐입니다.

주님의 은총 안에 깊이 잠길 때,

그래서 우리의 옛사람이 녹을 때

우리는 죄의 법에서 놓여나게 됩니다.

그 은총으로 육욕의 노예살이를 하는 우리를

해방시켜 주십시오. 아멘.

하나님,

바르고 따뜻한 마음으로

이웃들을 대하는 이들이 그립습니다.

거칠고 사나운 세상에서 사는 동안

우리 마음 곳곳에는 깊은 상처가 새겨졌습니다.

작은 자극에도 비명을 지르는 것은

내면에 새겨진 공포의 기억 때문입니다.

이제는 그 아픔과 상실의 기억에서 벗어나

생을 마음껏 경축하며 살고 싶습니다.

만나는 모든 사람들을 정성을 다해 대하고,

그들과 함께 좋은 세상을 만들기 위해 협력하고 싶습니다.

주님의 영으로 우리를 새롭게 빚어주십시오. 아멘.

하나님,

바람 빠진 타이어로는 먼 길을 갈 수 없습니다.

맥이 빠진 채 욕망의 저잣거리를 방황하는

우리를 불쌍히 여겨주십시오.

마른 뼈들만 버성기는 것 같은 현실이기에

우리는 외로움의 수인이 되었습니다.

다른 이들과 함께 멋진 꿈을 꾸는 일에

무능한 사람이 되었습니다.

해골 골짜기에 불어왔던 생기를

오늘 우리에게도 보내주십시오.

생기 충만한 이들이 어깨를 겯고

하나님의 뜻을 이루기 위해 한 걸음씩

전진하게 해주십시오.

그 목표에 이를 때까지 지치지 않게 해주십시오. 아멘.

29

하나님,

느닷없이 닥쳐오는 견디기 어려운 고난 앞에서는

모든 이론과 신학이 잿빛으로 변합니다.

마음의 중심이 무너지고 나면 세상은

온통 낯선 곳으로 변하고,

삶의 희망은 어디에서도 찾을 길이 없습니다.

그러나 정신을 차리고 고난을 응시하다 보면

이전에는 보이지 않던 것들이 보일 때도 있습니다.

하나님의 세계는 무한합니다.

유한한 인간이 그 무한의 세계에 대해,

뭐라 말할 수 있겠습니까?

그 넓고 광활한 세계에 그저 안길 따름입니다.

우리 눈을 여시고, 마땅히 보아야 할 것을

보게 해주십시오. 아멘.

당신은 바다에

많은 길을   내시어도

하나님,

얼마나 절박했으면 그런 모멸감을

견딜 수 있었을까요?

박두진 시인은 십자가에 달리신 주님을 묵상하면서

"뜨물 같은 치욕을, 불붙는 분노를,

에어내는 비애를, 물새 같은 고독을"

어떻게 견딜 수 있었느냐고 물었습니다.

그렇습니다. 작은 손해에도 분노하고,

작은 모멸감에도 바들바들 떠는 우리들입니다.

가나안 여인은 자존심보다 더 소중한 것이

있음을 보여주었습니다.

그것은 사랑이었습니다.

우리도 그런 사랑을 실천하며 살게 해주십시오.

그 사랑의 빛 안에서 사람과 세상을 보며 살게 해주십시오.

아멘.

하나님,
하나님은 하늘에 계시고
우리는 땅에 있다고 생각하며 살았습니다.
그러나 하나님은 우리 가운데 거처를 마련하신다는
말씀이 천둥소리처럼 크게 다가옵니다.
땅의 주인이신 하나님이 이 땅에
머무시는 것은 당연한 일입니다.
우리가 살고 있는 이 땅이 주님의 땅임을
잊지 않게 해주십시오.
그래야 땅과 산과 들과 강을 욕망에 따라
함부로 훼손하지 않을 수 있으니 말입니다.
하나님의 뜻을 따를 때 비로소
자유인이 된다는 사실 또한 잊지 않게 해주십시오. 아멘.

9월

기도는 지금 여기서의 삶을 영원의 리듬에 조율하는 과정이기도 합니다. 분주한 일상의 한복판에서도 우리는 성전을 세울 수 있습니다. 사하라에 매료된 시인 김수우는 베두인들의 단출한 삶을 통해 경건함을 배웁니다. "둥그렇게 바닥을 펴면 세상의 중심이 생긴다/네 개의 나무기둥을 세우면 지상의 축이 팽팽해진다/지붕을 펼쳐 얹으면 천막은 아침 신전이 된다"(〈천막〉 중에서). 아름답지 않은가요? 마음을 하나님을 향해 들어 올리는 순간 우리 몸은 이미 신전이 되는 것입니다.

1

하나님,
누군가를 책망하기란 여간 어려운 일이 아닙니다.
오해와 갈등을 일으킬 소지가 많기 때문입니다.
내게 꾸짖을 자격이 있는가 하는 마음 또한
있는 게 사실입니다.
그러나 거짓과 위선을 적당히 덮어주는 것만으로는
세상이 새로워질 수 없습니다.
생명이 태어나기 위해 알을 깨는 고통이 필요하듯,
참을 드러내기 위해서는 아픔을
각오해야 할 때가 있습니다.
주님, 미움과 경멸이 아닌 존중과 사랑에 바탕을 둔
꾸짖음이 참을 낳는다는 사실을 잊지 않게 해주십시오.
아멘.

당신은 바다에

많은 길을   내시어도

2

하나님,
인간은 뿌리가 없어 불편합니다.
대지에 깊이 뿌리를 박지 못했기에
이리저리 몰려다니며 삽니다.
그러나 높은 곳에 뿌리를 내리고 사는 풍란처럼
우리도 하나님의 마음에 뿌리를 내린 채
살아야 하는 존재들입니다.
부평초처럼 세상 물결에 따라 흔들리는 삶에서
이제는 벗어나고 싶습니다.
그리스도의 마음에 깊이 뿌리를 내린 채
흔들림 없는 발걸음으로 진리를 향해
걸어가도록 우리를 꼭 붙들어주십시오. 아멘.

3

하나님,
통념을 깬다는 일은 늘 위험을 동반합니다.
사람들은 경계선을 넘나드는 사람들을
용납하려 하지 않습니다.
그들은 불온시 되기도 하고
때로는 폭력의 표적이 되기도 합니다.
그러나 누군가 경계선을 넘을 용기를 내지 않았다면
세상은 정말 답답하고 편협한 곳이 되고 말았을 것입니다.
유대교가 만든 금제의 선을 넘어 예수의 마음에 합류했던
여인들이 있었기에 예수 운동은 활기를 띠게 되었습니다.
주님, 우리에게도 경계선 너머를 상상할 수 있는
능력과 용기를 부어주십시오. 아멘.

당신은 바다에

많은 길을   내시어도

하나님,

채찍에 맞은 상처보다

더 아픈 것은 말로 맞는 매입니다.

그것은 몸이 아니라 마음에 새겨지기 때문입니다.

하나님께서 말씀으로 세상을 지으셨다고

고백하는 이들조차 말을 함부로 하는 경우가 많습니다.

주님, 살리는 말, 용기를 북돋는 말,

사랑으로 감싸는 말을 하며 살게 해주십시오.

그러나 필요할 때는 허위를 깨는 말을 하되

그 말을 듣는 이들을 진심으로 아끼고

존중하는 사람들이 되게 해주십시오. 아멘.

5

하나님,

날마다 새로운 삶을 다짐하지만

우리 삶은 여전히 답보 상태를 면치 못합니다.

떠나야 할 때 떠나지 못하는 안일함이

우리를 확고히 사로잡고 있습니다.

부끄러움을 감추려고 오히려

다른 이들의 허물을 찾아 지적하려 합니다.

겸손을 가장하지만, 은근히 남을 무시하기도 합니다.

이제는 이런 삶으로부터 벗어나고 싶습니다.

"이만하면 나도 괜찮은 사람"이라는

헛된 자만심으로부터 우리를 건져주십시오. 아멘.

당신은 바다에

많은 길을   내시어도

6

하나님,
"당신이 우리와 무슨 상관입니까?"
귀신이 주님께 한 이 항의의 말은
오늘 우리의 현실 속에서도 자주 들려옵니다.
삶이 개별화되면서 사람들은 더 이상
다른 이들의 삶에 개입하려 하지 않습니다.
복잡한 일에 연루되느니 차라리
눈을 감고 사는 게 낫다고 여깁니다.
그로 인해 세상은 점점 차갑고 위험한 곳으로
변하고 있습니다.
우리 문화가 인간성의 몰락으로 귀결되지 않도록
우리 속에 깨끗하고 맑은 영을 심어주십시오. 아멘.

7

하나님,
첫 마음을 잃지 않기란 여간 어려운 일이 아닙니다.
좋은 뜻을 품고 살던 이들도
안락함에 길들여지는 순간 슬그머니
숭고한 뜻을 내려놓고 이익을 취하는 사람이 되고 맙니다.
아마샤는 그래서 우리의 반면교사입니다.
생각하는 대로 살지 않으면 사는 대로 생각하게 됩니다.
우리가 하나님의 일꾼임을 한순간도 잊지 말게 해주십시오.
욕망과 이익에 취해 진리를 등지지 않도록
우리를 꼭 붙들어주십시오. 아멘.

당신은 바다에

많은 길을   내시어도

8

하나님,

우리 마음은 늘 흔들립니다.

어떤 때는 담대하다가도 다음 순간 두려움에 떨기도 하고,

어떤 때는 이타적인 선택을 하지만

이기심에 사로잡히기도 합니다.

"이것이 내 마음이다"라고 말할 만한

확고한 마음이 우리에게는 없습니다.

그렇기에 우리 마음을 주님께 내놓습니다.

주님의 마음에 조율되지 않으면

우리는 어둠의 일에 이끌리기 때문입니다.

구멍투성이인 우리 마음을 고쳐주시고,

주님의 마음을 우리 속에 심어주십시오. 아멘.

9

하나님,
자만과 오기와 자애심의
감옥으로부터 우리를 구하여 주십시오.
주님의 뜻을 따르기가 어찌 그리 어려운지요?
은총 안에 산다고 말하면서도 우리 몸과 마음은
마치 자석에 달라붙는 쇠붙이처럼
세상의 달콤한 것에 이끌려 갑니다.
진리를 거슬러서는 아무것도 할 수 없다는 바울의 고백이
쇠북소리처럼 우리 마음을 울립니다.
그런 믿음의 지평에 당도할 때까지
우리를 버리지 말아 주십시오. 아멘.

당신은 바다에

                                      많은 길을   내시어도

10

하나님,
현실에 적응하며 사는 동안
우리는 날개를 잃은 새처럼 살고 있습니다.
몸은 비대해졌지만, 정신은 왜소해졌고
땅의 현실에 몰두하다 보니 하늘을 잊었습니다.
경쟁과 불화가 우리의 자연 상태인 것처럼
생각하며 살았습니다.
적대 관계에 있던 이들이 함께 손을 잡고,
서로에게 복이 되는 세상을 꿈꾸었던
이사야의 그 꿈을 우리도 잊지 않게 해주십시오.
우리를 확고하게 사로잡고 있는 강고한 편견과
적대감으로부터 벗어날 수 있도록 도와주십시오. 아멘.

하나님,
천진한 미소를 지을 줄 아는 사람을 보면
기분이 좋아집니다.
사람들의 좋은 점을 보아내고 그것 때문에
기뻐하는 이들을 보면 세상이 한결 밝아 보입니다.
의무의 감옥 속에 갇혀 살아서인지
우리는 제대로 놀지 못합니다.
사심 없이 함께 어울리면서
생을 경축하는 능력을 되찾고 싶습니다.
독선과 배타심 그리고 과욕을 내려놓고
만나는 모든 이들 속에서 하나님의 형상을 보아내는
눈 밝은 사람이 되게 해주십시오. 아멘.

당신은 바다에

많은 길을   내시어도

12

하나님,

세상의 모든 생명은 살기를 원합니다.

할 수만 있다면 모든 고통에서 벗어나고 싶어 합니다.

그러나 부득불 고통을 감내해야 할 때도 있습니다.

사랑하는 이를 위해서 기꺼이 고통을

감수하는 이들이 있습니다.

다른 이들이 겪어야 할 고통을 대신 겪는 이들은

인간 정신의 숭고함을 보여줍니다.

자기 삶과 밀접한 관계가 없는 사람을 위해서

위험에 뛰어드는 이들이야말로 예수님을 닮은 사람입니다.

주님의 십자가를 자랑만 하는 사람이 아니라,

누군가를 위해 기꺼이 십자가를 질 줄 아는 사람이

되게 해주십시오. 아멘.

13

하나님,
사람답게 산다는 것이 무엇인지 도무지 모르겠고,
세상 모든 게 다 시들하게 느껴질 때면,
내가 사람이라는 게 싫어집니다.
어쩌면 그때가 위로가 필요한 순간인지도 모르겠습니다.
누군가 다가와 등이라도 툭 쳐주었으면 좋겠다는
생각이 들어 주위를 둘러보기도 합니다.
그러나 우리는 압니다. 사람의 위로도 소중하지만
주님이 주시는 위로야말로 우리를 일어서게 하는
힘임을 말입니다.
척박한 세상에 평화와 생명의 씨앗을
뿌릴 힘은 주님으로부터 옵니다.
지금 위로의 손길로 우리를 어루만져 주십시오. 아멘.

많은 길을　　　내시어도

14

하나님,
물에 몸을 맡긴 채 천천히 유영(遊泳)할 때
우리는 자유로움과 행복을 느낍니다.
그러나 어느 순간 물을 적대적 공간으로 인식하는 순간
물은 사정없이 우리를 아래로 잡아당깁니다.
삶이라는 강물이 그러한 것 같습니다.
두려움 속에서 부르짖는 우리의 기도를 들어주십시오.
자기애의 심연에서 우리를 구하여 주십시오.
주님께 몸과 마음을 맡긴 채 이웃과 더불어
참된 자유와 기쁨과 행복을 누리게 해주십시오. 아멘.

15

하나님,
삶의 속도가 점점 빨라지고 있습니다.
그래서인지 마음은 뭔가에 쫓기듯 들떠있습니다.
외로움이 깊지만, 선뜻 다른 이들에게
손을 내밀지도 못합니다.
가까운 이들조차 점점 멀어지는 것 같아 쓸쓸합니다.
우리 삶이 하나님의 마음을 향한
순례의 과정임을 잊고 있기 때문입니다.
하나님께 이르는 길은 이웃들과의
관계 속에 있음을 명심하게 해주십시오.
주님의 이름을 부르는 이들과 함께
정의와 공의가 살아있는 세상을 만들기 위해
땀 흘리는 기쁨을 맛보게 해주십시오. 아멘.

많은 길을   내시어도

하나님,
자기 의에 충만한 우리는
청맹과니가 되고 말았습니다.
세상의 휘황한 것들에 익숙한 눈은
세상에 깃든 영원의 흔적을 보지 못합니다.
소란스런 소리에 익숙해진 귀는
하나님의 세미한 음성을 듣지 못합니다.
보지 못하고, 듣지 못하는데 어떻게
우리가 하나님을 사랑할 수 있겠습니까?
진심으로 사랑한다면 눈이 없어도 들을 수 있고,
귀가 없어도 들을 수 있다는 시인의 고백이
우리의 고백이 되기를 원합니다.
우리 삶이 하나님의 살아계심에 대한 증거가
되게 해주십시오. 아멘.

하나님,

바람이 불든 눈비가 내리든

의젓하게 길을 걷고 싶지만,

우리는 작은 바람에도 휘청거리며

인생이라는 소롯길을 걷고 있습니다.

어려움을 겪을 때마다 지향을 잃고 방황하기 일쑤입니다.

주님께서 우리에게 동료를 주신 것은 흔들리는 마음을

서로 붙들어주라는 명령인 줄을 이제는 알겠습니다.

함께 격려해가며 숲을 이루는 반안나무처럼

우리도 서로에게 든든한 버팀목이 되어 살게 해주십시오.

아멘.

하나님,

젊은이들을 격려할 때면 사람들을

으레 그래야 한다는 듯이 '큰일'을 하라고 말합니다.

큰일이 곧 옳은 일은 아닙니다.

큰일에 집착하다가 진실로부터 멀어진 이들이 많습니다.

주님은 우리에게 큰일이 아니라 작은 일에

충실하라 이르십니다.

우리에게 맡겨진 일들은 크든 작든 거룩한 일입니다.

덩치 큰 나무도 연약한 새싹으로부터

시작된다는 사실을 명심하게 해주십시오.

새싹의 아름다움에 눈뜬 사람들이 누리는

생명의 잔치에 우리도 참여하게 해주십시오. 아멘.

19

하나님,
사람들은 구원받을 사람의 자격에
관심이 많습니다.
그 자격 조건에 자신을 맞추고 싶기 때문입니다.
어떤 이들은 구원받을 사람의 숫자가
제한되어 있다고 말하며 사람들을 미혹하기도 합니다.
구원을 독점한 듯 말하는 이들 가운데는
삶으로 주님을 부인하는 이들이 꽤 많습니다.
주님, 구원받은 자답게 살게 해주십시오.
예수님의 마음으로 이웃과 피조물을 대하고,
이웃을 복되게 하기 위해 스스로를
섬김의 자리에 서게 해주십시오. 아멘.

당신은 바다에
많은 길을   내시어도

하나님,

폭력과 억압이 일상이 된 세상에서

살다 보면 저절로 한숨이 터져 나옵니다.

불의를 행하는 이들의 뻔뻔함에 화가 나기도 합니다.

법망을 교묘하게 빠져나가며 자기 잇속만 차리는

이들을 보면 정의에 대해 회의에 빠지기도 합니다.

그런 현실을 보면서도 침묵하고 계신 하나님이

원망스럽기도 합니다.

그러나 주님의 시간이 다가옴을 믿기에

우리는 낙심하지 않습니다.

지금 여기에서 우리가 살고 싶은 세상을 시작하겠습니다.

이러한 결심이 무너지지 않도록 우리를 지켜주십시오.

아멘.

하나님,
제자들의 당혹감이 고스란히 느껴집니다.
무능한 제자들을 탓할 수 없는 것은
바로 그것이 우리들의 실상임을 알기 때문입니다.
한 영혼에 대한 절절한 애태움이 없이
무슨 기적이 일어날 수 있겠습니까.
우리에게 겨자씨만 한 믿음조차 없습니다.
산은커녕 조그마한 장벽 하나도 무너뜨리지 못하는
우리들을 불쌍히 여겨주십시오.
무기력증을 떨치고 일어나
주님의 손과 발이 되는 기쁨을 누리게 해주십시오. 아멘.

당신은 바다에

많은 길을   내시어도

22

하나님,
예수님은 당대의 사람들에게 낯선 분이셨습니다.
세상에 길들여지지 않으셨기 때문입니다.
기존 질서에 염증을 느끼는 이들에게는
신선한 자극이었겠지만,
누릴 것을 다 누리고 사는 특권층들에게는
불온하게 보였을 것입니다.
하나님께 보냄을 받았다는 분명한 자각이 있었기에
주님은 흔들림 없이 소명을 이루실 수 있었습니다.
주님의 그 당당함을 배우고 싶습니다.
주님이 누리신 그 영적인 자유를 우리에게도
허락하여 주십시오.
삶으로 하나님의 살아계심을 증언하는 우리가
되게 해주십시오. 아멘.

23

하나님,
누군가에게 초대를 받는다는 것은
참 고마운 일입니다.
그가 나를 귀하게 여긴다는 사실이
그렇게 드러났기 때문입니다.
그러나 초대를 받고도 일상이 분주하다는 핑계로
혹은 낯선 이들과의 대면이 싫다는 이유로,
삶의 루틴을 깨지 않으려는 게으름 때문에
초대를 거절할 때가 많습니다.
주님, 이제라도 의와 사랑과 자비의 예복을
준비하게 해주십시오.
하나님 나라 잔치에 참여한다는 설렘과 기대로
현실의 모든 어려움을 이겨낼 수 있게 해주십시오. 아멘.

당신은 바다에

많은 길을   내시어도

24

하나님,
주님을 등지고 떠났던 제자를 지싯지싯 찾아오셔서
"너는 나를 따르라" 하시는
예수님의 그 끈질긴 사랑에 우리는 할 말을 잊습니다.
포기하지 않으시는 그 사랑이
베드로를 일으켜 세우는 힘이 되었습니다.
우리를 부르셨기에 버리지 않으실 줄 믿습니다.
가끔은 유난히 내게 주어진 십자가가
가장 무거운 것처럼 보일 때도 있지만,
하나님은 각자에게 맞는 역할을 부여하셨음을
잊지 않게 해주십시오.
남과 비교하며 일희일비하지 말게 하시고,
끈질기게 소명을 이루어가는 우리가 되게 해주십시오.
아멘.

하나님,

모든 이들에게 잊혀졌지만

18년 동안이나 병마에 시달리며

고단한 삶을 어떻게든 살아내야 했던

이 여인의 슬픔을 주님 홀로 헤아리셨습니다.

사람들은 그를 늘 그 자리에 있는 풍경처럼 대했지만

주님은 여인을 아브라함의 딸로 대하셨습니다.

이웃들을 바라보고 대하는 우리의 시선을 생각해 봅니다.

누군가를 경멸하는 눈빛으로 바라보지는 않았다 해도,

아픔에 처한 이들의 입장에 서려는 노력은

게을리했음을 시인하지 않을 수 없습니다.

굳어질 대로 굳어진 우리 마음을 녹여주십시오.

주님의 마음으로 이웃을 대하는 새사람이 되게 해주십시오.

아멘.

당신은 바다에

많은 길을   내시어도

하나님,
가끔은 자기 권력을 과신한 나머지
하나님을 모독하기도 하는 것이 인간의 버릇입니다.
권력의 들큼함에 취하면 실상을 볼 수 없습니다.
독선과 오만에 빠진 권력은
하나님의 주권을 넘보기도 합니다.
우리도 언젠가 하나님의 심판대에
서야 하는 존재임을 잊지 않게 해주십시오.
주어진 인생의 순간순간을 삼가는 마음으로 살게 해주시고,
우리에게 위임된 힘과 권력을 오직 사랑과 정의의
세상을 이루기 위해 사용하게 해주십시오. 아멘.

하나님,
세상의 모든 것은 서로 비스듬히 기댄 채
살아갑니다.
바람에 흔들리는 나무도 다른 나무에
기댄 채 시련의 시간을 견뎌냅니다.
산다는 것은 누군가에게 어깨를 빌리고
또 빌려주기도 하는 일임을 잊지 않게 해주십시오.
홀로 만족하는 사람이 아니라 이웃과 더불어
삶을 경축하는 축제의 사람이 되고 싶습니다.
이 땅에 세워진 그리스도의 몸인 교회를 통해
함께 하는 삶의 아름다움을 맛보게 해주십시오. 아멘.

당신은 바다에

많은 길을   내시어도

28

하나님,
우리가 당연하게 누리는 것들이 누군가에게는
결여된 것임을 알아차릴 수 있도록
우리 눈을 열어주십시오.
아름답고 장엄해 보이는 것들 속에 깃든
약자들의 피와 눈물과 한숨을 헤아리는 사람이
되고 싶습니다.
특권의 포기야말로 공동체를 든든하게
떠받치는 기둥임을 잊지 않게 해주십시오.
쓴소리보다 단소리에 귀를 기울임으로
역사를 혼돈 속으로 밀어 넣었던
르호보암의 어리석음을 반복하지 않도록
우리에게 지혜를 허락하여 주십시오. 아멘.

하나님,

우리는 버릇처럼 사람들을 외모로 평가합니다.

사람들이 스펙 쌓기에 몰두하는 것은

무시당하고 싶지 않다는 바람 때문입니다.

성공이라는 목표를 향해 질주하는 이들은

주변화되고 있는 이들의 아픔을 헤아리지 못합니다.

경쟁을 내면화하고 사는 이들은

'패배자'처럼 보이는 이들에게 관심이 없습니다.

그러나 주님은 주변화된 사람들에게

따뜻한 시선을 보내십니다.

아니, 그들과 당신을 동일시하십니다.

주님을 믿고 따르는 우리도 그런 마음으로

이웃들을 대할 수 있도록

하늘의 숨을 불어넣어 주십시오. 아멘.

많은 길을　　　　　내시어도

하나님,

우리를 사랑의 세계로 초대해주셔서 감사합니다.

거리를 걷고 있는 이들의 얼굴에 드리운 쓸쓸함을 봅니다.

생명 있는 모든 것들은 사랑받고 사랑하기를 갈망합니다.

그러나 도무지 사랑하기 어려운 이들이 있습니다.

자기 이익을 위해 다른 이들을 짓밟는 이들,

진실과 거짓을 뒤섞어 세상을 혼란스럽게 만드는

이들입니다.

그런 이들이 득세하는 것처럼 보이는 세상에서

사랑을 선택하며 살기란 여간 어려운 일이 아닙니다.

우리에게 주님의 영을 불어넣으시어

사랑의 모험을 포기하지 않도록 우리를 지켜주십시오.

아멘.

10월

위대한 기도의 인물들이 구한 것과 오늘 우리가 구하는 것은 얼마나 다른가요? 기도에 깊이 들어가기 위해서는 기도의 방법을 배우는 것도 중요하지만 좋은 기도문을 읽는 것도 한 방법입니다. 시편이나 좋은 기도문을 반복하여 읽다 보면 우리가 정말 구해야 할 것이 무엇인지를 알게 됩니다. 하루하루 기도문을 적는 것도 아주 좋은 기도 훈련의 방법이 됩니다. 기도문은 우리가 하나님께 쓰는 편지입니다. 히스기야가 바벨론 왕의 편지를 펼쳐놓고 하나님 앞에 엎드렸던 것처럼, 세상에서 벌어지는 여러 가지 사건과 사고를 하나님 앞에 가지고 갈 때 우리는 그 사건의 의미를 더 깊이 이해하게 됩니다.

1

하나님,
인생 여정 가운데 지리산가리산 헤매는
우리를 불쌍히 여겨주십시오.
욕망의 벌판에서 바장이는 동안
우리 마음은 병이 들고 말았습니다.
하나님의 뜻을 헤아리는 분별력과 그 뜻을 따라 살려는
검질긴 의지 또한 잃어버렸습니다.
주님의 말씀 위에 인생의 집을 짓고 싶습니다.
우리가 마땅히 해야 할 일을 가르쳐 주십시오.
그리고 그 가르침에 따라 살아갈 수 있는 능력을
허락하여 주십시오.
예수 그리스도의 꿈을 가슴에 품은
주님의 사람들이 되게 해주십시오. 아멘.

당신은 바다에

많은 길을   내시어도

2

하나님,
순풍에 돛을 단 것처럼
우리 인생이 상쾌할 때도 있습니다만,
대부분의 순간 우리는 역풍에 시달리며 삽니다.
만성적인 피로가 쌓이면서 명랑함을 잃었습니다.
사소한 자극에도 화를 내고 피해의식에
사로잡혀 징징거리기도 합니다.
드물지만 유라굴로 광풍을 만난 것처럼
난감한 시간에 처할 때도 있습니다.
역사의 격랑이 우리 사회를 삼키려 할 때
우리는 허둥거리며 어찌할 바를 모릅니다.
바울이라는 한 사람이 있어 배에 탄 모든 사람들이
생명을 유지할 수 있었던 것처럼,
주님의 이름을 부르는 우리도 그러한
희망의 메신저가 되도록 이끌어 주십시오. 아멘.

3

하나님,
"너희가 먹을 것을 주라"는
명령을 들었을 때 제자들은 당황했습니다.
그것은 불가능한 일이었기 때문입니다.
할 수 없는 일이었기에 그들은 할 수 없다고 말했습니다.
하지만 때로는 할 수 있기 때문이 아니라 해야 할 일이기에
어떤 일을 시작해야 할 때도 있습니다.
우리의 가능성이 그칠 때 하나님의 가능성이
열림을 잊지 않게 해주십시오.
외로운 세상이지만 곁에 선 이들의 손을 붙잡아 주면서
아름다운 세상을 향한 순례를
멈추지 않도록 우리를 이끌어 주십시오. 아멘.

당신은 바다에

많은 길을   내시어도

4

하나님,
주님의 말씀은 가끔 우리의
일상적 판단을 뒤흔들어 놓습니다.
풍요로움을 구하는 이들에게 주님은
"가난한 자가 복이 있다" 말씀하십니다.
슬픔을 한사코 피하려는 이들에게
"지금 슬퍼하는 자가 복이 있다" 말씀하십니다.
이 전복적 진실을 깨달을 수 있는 지혜를
우리에게 허락해 주십시오.
믿음은 관념도 이론도 아닌 현실임을 깨우쳐주십시오.
지금 가난한 사람, 배고픈 사람, 슬퍼하는 사람,
배척받는 사람들 곁에 다가가
그들의 이웃이 되어줄 용기를 허락하여 주십시오.
그 가운데서 참된 행복을 누리게 해주십시오. 아멘.

5

하나님,
연거푸 다가오는 시련은
삶의 의욕과 용기를 깎아내립니다.
이래저래 시르죽어 지내다 보면 영문을 알 수 없는
원한 감정이 우리를 사로잡기도 합니다.
"어떤 처지에서든 스스로 만족하는 법"을 배웠다는
바울 사도의 말이 실감 나지 않습니다.
그 확고하고도 담백한 고백 속에서
한 자유인의 초상을 봅니다.
그런 흔쾌한 자유를 누리고 싶습니다.
욕망의 활화산 위에 인생의 집을 짓는
어리석은 자들이 아니라, 우리 자신을 누군가에게
선물로 내주며 살도록 이끌어 주십시오. 아멘.

당신은 바다에

많은 길을   내시어도

6

하나님,
마음이 울적해질 때마다
이 아름다운 광경을 머릿속에 그려봅니다.
하늘 보좌에서 시작된 노래가 땅끝까지 울려 퍼지는
광경을 떠올릴 때면 잔다란 근심과 걱정은
어느결에 스러지고 맙니다.
사람들을 죽음으로 유인하는
세이렌의 노래에 현혹되지 않게 해주십시오.
하늘 찬양대에 합류하여 생명의 노래, 평화의 노래,
희망의 노래를 수굿이 부르게 해주십시오.
우리 마음속 혼돈을 질서로 바꾸어주는
하늘의 노래를 잊지 않게 해주십시오. 아멘.

7

하나님,

선과 악이 착종된 세상에 사느라

우리는 지쳤습니다.

저마다의 편견을 진리인 양 외치는 이들의 소리가

세상을 혼돈으로 몰아넣고 있습니다.

분주하게 살고 있지만 정작 우리가 정말

원하는 것이 무엇인지를 분별하지 못합니다.

주님은 당신의 삶을

"보내신 분의 뜻을 행하기 위해 왔다"고 요약했습니다.

생각해보면 우리의 생명도 소명임을 깨닫습니다.

주님이 우리를 통해 하시고자 하는 일을

방기하는 일이 없도록 우리를 지켜주십시오.

주님이 앞서 걸어가신 그 길을 걸으며

진정한 자유를 맛보게 해주십시오. 아멘.

당신은 바다에

많은 길을   내시어도

8

하나님,

희망은 언제나 변방으로부터 시작됩니다.

지금 누릴 것을 다 누리고 사는 사람들,

자기만족에 겨운 사람들은 그렇지 못한 사람들의

아픔과 눈물을 헤아리지 못합니다.

어둠 속에 유폐된 사람만이 빛을 갈망합니다.

절망의 심연으로 끌려 들어가는 사람만이

절박하게 하나님의 도우심을 구합니다.

하늘은 저 위에 있는 것이 아니라 이 낮은 땅에 있습니다.

아픔의 현장, 눈물이 흐르는 자리야말로

하늘을 향해 열린 문임을 잊지 않게 해주십시오. 아멘.

9

하나님,
인간의 모든 지식을 다 동원해도
하나님이 하시는 일의 결국을 알 수 없습니다.
희망과 절망, 빛과 어둠, 기쁨과 슬픔,
평안과 고통 사이에 걸린 줄 위에서
균형을 유지한다는 것은 여간 어려운 일이 아닙니다.
이제는 우리 삶의 주도권을 하나님께 넘겨드리고 싶습니다.
살든지 죽든지 나는 주의 것이라고 말했던
사도의 그 홀가분하고 담담한 고백을 이어받고 싶습니다.
누구에게나 영원히 적용되는 정답이 없는 인생이라지만
그리스도께서 앞서가신 그 길에서 떠나지 않도록
우리를 든든히 지켜주십시오. 아멘.

당신은 바다에

많은 길을   내시어도

10

하나님,
마음이 분주해지면 잊지 말아야 할 것을
잊곤 합니다.
잊지 말아야 할 것은 잘 잊고,
정작 잊어야 할 것은 잊지 못해서
우리 삶이 누추합니다.
출애굽의 그 급박한 상황 속에서도 요셉의 유골을
수습한 이스라엘 백성들이 놀랍기만 합니다.
자기가 누구인지를 잊지 않으려는
그 피나는 노력이 아름답습니다.
세상의 단맛에 취해 우리가 순례자임을
잊지 않게 해주십시오.
하나님의 마음이라는 영원한 중심에 도달하기 위해
늘 안락한 자리를 떠나 길 위에 설 수 있는
용기를 허락하여 주십시오. 아멘.

하나님,

전도자는 "바람 그치기를 기다리다가는,

씨를 뿌리지 못한다. 구름이 걷히기를 기다리다가는,

거두어들이지 못한다"고 말했습니다.

이 막연한 기다림, 불모의 기다림이

우리 삶을 황폐하게 만듭니다.

인생의 가뭄이 찾아왔을 때,

삶의 방향을 하나님께로 돌이킬 수 있도록

우리에게 힘을 더하여 주십시오.

우리 마음의 지성소를 차지하고 있는 헛된 것들을 내쫓고

그 자리에 하나님을 모시게 해주십시오.

일상의 모든 순간, 하나님을 소외시키는

일이 없도록 우리를 인도해주십시오. 아멘.

12

하나님,
우리는 수없이 많은 가면을 쓰고 살아갑니다.
만나는 사람에 따라, 변화하는 상황에 따라
가면을 바꿔 쓰기도 합니다.
이런 분열된 태도가 부끄럽습니다.
하지만 어떤 경우에도 우리에게 주어진 권한을
제 이익을 위해 사용하지 않는 담백함을
허락하여 주십시오.
마땅히 해야 할 일을 수행하면서도
남의 칭찬을 구하지 않게 해주십시오.
남의 칭찬과 인정에 관심을 두는 순간
우리는 부자유함 속에 끌려 들어갈 수밖에 없습니다.
주님이 언제 오시든 반갑게 맞이할 수 있도록
우리 삶을 가지런히 이끌어 주십시오. 아멘.

13

하나님,

참 빛이신 주님이 세상에 오셨지만,

사람들은 그를 맞아들이지 않았습니다.

어둠은 빛을 미워합니다.

하지만 어둠은 빛을 이길 수 없습니다.

주님은 제자들에게 편안하고 안락한 삶을

약속하지 않으셨습니다.

주님을 따르는 이들에게 확고하게 약속된 것은

고통과 시련이었습니다.

고통을 좋아하는 사람은 아무도 없습니다.

그러나 진리를 따라 살다가 겪는 고통은

우리를 하나님께 비끌어매는 줄이 됩니다.

주님, 비록 고통이 찾아온다 해도 우리 마음에 깃든 기쁨은

빼앗기지 않도록 우리를 지켜주십시오. 아멘.

당신은 바다에

많은 길을   내시어도

14

하나님,

해안을 향해 쉼 없이 밀려오는 파도처럼

이런저런 염려와 근심이 끊일 사이 없이

찾아오는 나날입니다.

"우리의 생명을 붙들어주셔서, 우리가 실족하여

넘어지지 않게 살펴 주신다"는 시인의 고백을

꼭 붙들고 싶습니다.

어려움을 통과하는 동안 우리 마음이

흐물흐물 녹아내리지 않게 해주십시오.

은을 달구어 정련하듯이 우리 마음을 연단하여 주십시오.

주님의 한결같은 사랑 안에서 뚜벅뚜벅

거룩한 삶을 향해 나아가게 해주십시오. 아멘.

하나님,

정결한 마음으로 살고 싶지만

세상사에 시달리는 우리 마음은 온통 상처투성이입니다.

그 마음을 치유할 연고는 어디에서도 찾을 길 없습니다.

찢기고 갈라진 마음은 딱딱하게 굳어가고,

굳어진 마음은 생명을 잉태하지 못합니다.

주님, 우리 마음에 들어와 주십시오.

거칠고 굳어진 마음은 도려내 주시고,

부드럽고 겸손한 마음을 심어주십시오.

주님의 뜻 가슴에 품은

봄바람과 같은 사람이 되게 해주십시오. 아멘.

당신은 바다에

많은 길을   내시어도

16

하나님,

세상이 너무 삭막해졌습니다.

서럽고 쓰린 인생길, 서로 긍휼히 여기며 살면 좋으련만

사람들은 사소한 차이에도 과민반응을 하며 삽니다.

피차 물고 뜯는 세상에서는

아무도 평안을 누릴 수 없습니다.

상처투성이인 우리 마음을 주님 앞에 내려놓습니다.

고치시고, 생기를 불어 넣어주실 분은 주님뿐입니다.

우리의 연약함을 아시는 주님,

힘겹더라도 사람과 사람 사이에 다리를 놓는

그 거룩한 소명을 포기하지 않도록 우리를 붙들어주십시오.

아멘.

17

하나님,

막다른 골목과 끊어진 다리

그리고 높이 쌓아 올린 분리의 장벽 앞에 설 때면

영문모를 씁쓸함이 우리 가슴을 짓누릅니다.

마땅히 가야 할 길이 보이지 않는다는 것,

한 걸음 내디딜 자리가 없다는 것,

누군가에게 위험한 사람으로 규정된다는 것처럼

가슴 아린 일이 또 있을까요?

세상은 우리를 그렇게 철저하게 단자화 하려 합니다.

하지만 주님은 우리가 한 호흡에서 나왔음을

잊지 말라 하십니다.

그래서인가요?

우리 속에는 근원을 알 수 없는 그리움이 있습니다.

그 그리움에 응답하는 사람들이 되고 싶습니다. 아멘.

당신은 바다에

많은 길을   내시어도

18

하나님,

경쟁이 심화된 세상에 살다 보니

우리는 일쑤 타인들의 시선에 민감하게 반응합니다.

무시당하고 싶지 않다는 마음 때문에

우리는 긴장 상태 속에서 살면서,

자신을 근사하게 포장하여 드러내려 합니다.

그럴수록 마음 깊은 곳에 도사리고 있는

공허감은 짙어져만 갑니다.

이제 새롭게 살고 싶습니다. 다

른 소리를 감싸고 풍부하게 만드는 알토 소리처럼

온유와 겸손으로 이웃들을 섬기며 살고 싶습니다.

그런 삶을 능동적으로 선택하면서도 스스로 만족할 수 있는

넉넉한 마음을 허락하여 주십시오. 아멘.

19

하나님,
처리해야 할 많은 일들로 인해
정신없이 스스로를 몰아치다가
문득 "이게 뭐지?" 하는 생각이 들 때가 있습니다.
세상이 우리에게 입혀준 몸에 맞지도 않는 옷을 입은 채
살아가고 있는 것 같다는 생각이 들 때마다
해질녘 서해의 풍경 같은 쓸쓸함이 찾아옵니다.
누구도 대신해 줄 수 없는 생이기에
외로움 속에서도 살아내야 합니다.
하나님, 우리를 고아처럼 버려두지 말아 주십시오.
두려움과 쓸쓸함이 마음의 둑을 넘을 때,
의지할 곳 없어 주님을 바라보는 이들을
사랑의 품에 안아주십시오. 아멘.

당신은 바다에

많은 길을   내시어도

하나님,

빛을 지향한다 하면서도 자신도 모르는 사이에

어둠에 이끌리는 우리를 불쌍히 여겨주십시오.

우리 영혼은 수천 개의 얼굴을 가지고 있는

어둠에 자주 매혹됩니다.

물에 비친 형상이 일렁이며 신비스러운 느낌을 자아내듯,

형체가 불분명한 매력은 우리 영혼의 질서를 해체하고

혼돈 가운데로 끌어들입니다.

의로우신 주님, 죄의 심연에

빠져들지 않도록 우리를 지켜주십시오.

죄짓는 것을 부끄러워하게 해주시고,

하나님과 동행하는 것을 무상의 기쁨으로

여기게 해주십시오. 아멘.

21

하나님,

인과응보의 논리가 무너지는 현실을 볼 때마다

우리 머리에 쇠항아리가 씌워지는 느낌입니다.

선한 사람들이 고통을 당하고,

악인들이 평안을 누리는 이 일을 어떻게 이해해야 할까요?

이런 전도된 현실이 우리를 지치게 만듭니다.

하오나 주님, 우리는 하나님의 뜻이

역사를 이끌고 계심을 믿습니다.

조급한 마음을 내려놓고 진득하게

하나님의 시간을 기다릴 수 있게 해주십시오.

우울함이 우리를 지배하지 못하게 해주시고,

명랑하게 주님의 뜻을 수행하며 살게 해주십시오. 아멘.

당신은 바다에

많은 길을   내시어도

22

하나님,

하늘 아래서 맑고 천진한

웃음을 터뜨리는 이들을 만나면

마치 선물을 받은 것처럼 행복해집니다.

피곤에 찌든 얼굴, 잔뜩 성이 난 얼굴,

무표정한 얼굴들을 만날 때면

우리 마음도 저절로 어두워집니다.

이제는 정말 기뻐하며 살고 싶습니다.

감사의 렌즈를 끼고 세상을 바라보는

사람이 되고 싶습니다.

인생의 모든 순간을 숨김없이 하나님께 내놓고

치유를 청하는 사람들이 되고 싶습니다.

그런 삶을 통해 우리가 하나님께 속한 사람임을

드러낼 수 있게 하여주십시오. 아멘.

23

하나님,
자기의 한계를 분명하게 자각하고,
자기보다 큰 정신 앞에 엎드릴 줄 아는
세례자 요한의 겸손함을 배우고 싶습니다.
다른 사람이 자기보다 낫다는 사실을 허심탄회하게
인정하기란 여간 어려운 일이 아닙니다.
마지못해 인정한다 해도 마음속 깊은 곳에
깃드는 비애감을 감추지 못하는
우리들의 용렬함을 불쌍히 여겨주십시오.
우리를 허망한 열정에서 벗어나게 해주시고
하나님의 숨을 불어넣으시어 주님의 일을
기쁨으로 감당하게 해주십시오. 아멘.

당신은 바다에

많은 길을   내시어도

24

하나님,

사람들은 누구나 중심을 꿈꿉니다.

중심이 매력적으로 보이기 때문입니다.

중심의 자리를 차지하려는 이들이 많기에

그곳은 늘 사람으로 들끓습니다.

그곳을 탐하는 이들은 성찰의 여유를 누리지도 못합니다.

세상의 모든 아름다운 변화가 변방에서

시작되었다는 사실이 참 크게 다가옵니다.

이제 공의를 실천하고, 인자를 사랑하고,

겸손히 하나님과 동행하는 삶을 시작하겠습니다.

작은 시작을 부끄러워하지 않겠습니다.

주님, 우리를 통해 세상을 변화시켜 주십시오. 아멘.

하나님,

마음에 기둥 하나 곧게 서면 어지간한

무게가 실려도 우리는 주저앉지 않습니다.

하나님을 경외하고, 예수님을 사랑하고,

죄짓는 것만 두려워하는 사람이 되고 싶습니다.

어지간한 세상의 바람 앞에서도 크게

일렁이지 않는 든든함을 누리고 싶습니다.

하나님의 뜻을 분별할 수 있는 지혜를 허락하여 주시고,

하나님을 신뢰하는 습관을 들이게 해주십시오.

구원의 신비와 기쁨을 맛보며 살게 해주시고,

주님의 은총 안에서 참 쉼을 얻게 해주십시오. 아멘.

당신은 바다에

많은 길을   내시어도

하나님,

때를 분별하며 사는 것이 지혜임을 잘 알지만,

우리는 때를 앞당기거나 뒤로 늦추려고

발버둥을 치며 삽니다.

나아갈 때와 물러날 때를 분별하지 못하기에

무리수를 두다가 파멸에 이르는 이들도 있습니다.

하나님의 때를 알아차리는 예민한 영적 자각을 허락하시고,

그때에 맞는 삶을 살도록 우리를 이끌어 주십시오.

비록 더디더라도 하나님의 뜻이 기어코

이루어지리라는 믿음을 가슴에 품고

절망의 시간을 넘어 희망을 잉태하는 이들이

되게 해주십시오. 아멘.

하나님,
삶이 순탄치 않다고 느낄 때마다
우리는 버릇처럼 누군가를 원망합니다.
경제적으로 무능한 부모를 원망하기도 하고,
우리가 누려야 할 몫까지 독점한 것 같은 이들을
미워합니다.
강자들의 편을 드는 것 같은 사회 시스템을
원망하기도 합니다.
그러나 원망한다고 하여 세상이 달라지지 않습니다.
이제는 원망하는 버릇을 내려놓고
성실하게 주어진 시간을 살아내고 싶습니다.
하나님의 말씀을 붙들고 미로와 같은 세상을
통과하겠습니다.
우리의 동행이 되어주십시오. 아멘.

당신은 바다에

많은 길을   내시어도

하나님,
하루하루 처리해야 하는 일들이
왜 이리도 많은지 모르겠습니다.
숨돌릴 사이도 없이 밀려드는 일들 때문에
정신을 차리기 어렵습니다.
어디로 가고 있는지조차 가늠하지 못한 채
우리는 떠밀려 가듯 시간 속에서 표류하고 있습니다.
차갑고 냉랭한 시선, 적대적인 시선을 만날 때마다
우리 가슴에는 퍼런 멍이 들곤 합니다.
이제 정신을 가다듬고 하나님의 장엄한 위엄 앞에
서겠습니다.
내면에 흔들리지 않는 기둥 하나 세우고 살겠습니다.
우리에게 그런 삶의 꿈을 나눌 벗들을 허락하여 주십시오.
아멘.

하나님,

도심의 밤거리 어디에서나

붉은색 십자가를 볼 수 있습니다.

어떤 이들은 그 십자가를 보며 평안과 위로를

얻기도 하지만,

어떤 이들은 공동묘지를 떠올리게 된다고

말하는 이들도 있습니다.

교회가 마땅히 해야 할 역할을 하지 못하기

때문일 것입니다.

제단이 늘어날수록 죄도 늘어난다는 말씀이

예리한 통증이 되어 우리를 찌릅니다.

욕망의 종살이에서 벗어나

하나님의 꿈을 품은 사람이 되고 싶습니다.

온 마음과 뜻과 정성과 힘을 다해

하나님의 말씀을 따르는 사람이 되도록

우리를 이끌어 주십시오. 아멘.

하나님,

우리는 마음에 많은 금기를 품고 살아갑니다.

어떤 이들은 흔쾌히 맞아들이지만

또 어떤 이들에게는 싸늘하게 등을 돌리기도 합니다.

하지만 우리가 누구이길래 사람들을

이렇게 차별하는 것이랍니까?

주님, 우리는 누군가를 외면함으로 가장 작은 자의

모습으로 다가오시는 주님을 거절하곤 합니다.

불결한 존재로 여겨졌던 나환자의 몸에 손을 대셨던

그 거룩한 손길로 우리 마음속에 있는 더러움과 위선을

닦아 주십시오.

그래서 깨끗해진 마음으로 이웃들을

사랑하며 살게 해주십시오. 아멘.

하나님,
하나님의 뜻은 미묘하여 알아차리기 어렵습니다.
삶은 모호하기 이를 데 없고,
참과 거짓이 얽혀 있는 세상사 가운데서
우리는 길을 잃기 일쑤입니다.
하나님이 말씀하셔도 저마다의 생각에 사로잡힌 인간은
그 말씀에 주의를 기울이지 않는다는
엘리후의 말은 아프지만 사실입니다.
하나님 우리가 마땅히 해야 할 일을 명하여 주십시오.
그리고 그 명령을 알아차릴 수 있는
예민한 감각을 허락하여 주십시오.
그 뜻을 수행할 수 있는 능력을 덧입혀 주십시오. 아멘.

당신은 바다에

많은 길을　　　　내시어도

11월

어느 농사짓는 목사는 밭고랑에 앉아 작물들을 북돋는 그 시간이야
말로 하나님과 가장 친밀한 대화를 나누는 시간이라고 말했습니다.
그러나 우리의 기도가 깊어지기 위해서 결코, 잊지 말아야 할 자리
가 있습니다. 그것은 고통받는 이들의 삶의 자리입니다. 불편함이
싫어서 혹은 연루될까 두려워 사람들이 한사코 피하는 그 자리야말
로 하나님이 머무시는 자리입니다. 하나님은 고통당하는 이들의 신
음소리를 "당신의 나라가 임하소서"라는 기도로 들으십니다. 그 절
박한 삶의 자리를 외면하는 한 우리 기도는 확장되거나 심화되기 어
렵습니다.

1

하나님,
절망의 먹구름이 영혼을 가릴 때
우리는 빛을 향하여 고개를 들 생각조차
하지 못할 때가 많습니다.
원망과 미움이 저녁 어스름처럼 우리 속에 스며들 때
우리는 미래에 대한 전망을 잃은 채
불평의 바다를 떠돕니다.
그러나 하나님은 그런 우리를 못났다 꾸짖지 않으시고
너그러운 두 팔로 감싸 안으십니다.
그 사랑 안에 머물 때 우리 속의 어둠은 스러집니다.
우리 속에 있는 엘닷과 메닷(민수기 11:26-27)을
긍휼히 여기시는 주님,
하나님의 뜻에 따라 살도록 우리를 고치시고
사용하여 주십시오. 아멘.

당신은 바다에

많은 길을   내시어도

2

하나님,

거리를 활기차게 걷는 이들을 보면

기분이 좋아집니다.

사랑하는 사람을 만나러 가는 길일까요?

잔뜩 웅크린 채 느릿느릿 걷는 이들을 보면

왠지 맥이 빠집니다.

머뭇거리거나 쭈뼛대는 이들은 길을 잃은 것일까요?

이 황량한 세상에서 우리에게

예수라는 길을 따라 걷도록 초대해주셔서 감사합니다.

그 길에서 벗어나지 않도록 우리를 지켜주십시오.

그 길을 활기차게 걸으며 그 길 위에서 만나는

모든 이들에게 복을 전하며 살게 해주십시오. 아멘.

3

하나님,

세상에는 홀로 설 수 없는

형편에 처한 이들이 너무나 많습니다.

아무리 노력해 보아도 도무지 곤경에서 벗어나지

못하는 이들을 세상은 차갑게 바라봅니다.

천더기 신세를 면치 못하는 사람들 편에 서는 이들은

많지 않습니다.

그러나 주님은 그들을 귀히 여기십니다.

그들의 생명도 하나님께 속했기 때문입니다.

그들을 외면하지 않도록 우리 마음을 넓혀주십시오.

뜨거운 햇볕을 가려주는 그늘처럼,

폭우를 피해 가는 쉼터처럼 우리도 고통받는

이웃의 피난처가 되게 해주십시오. 아멘.

당신은 바다에

많은 길을   내시어도

4

하나님,

많은 이들이 선하게 살고 싶다는

바람을 품고 삽니다.

그러나 착한 사람들이 어려움을 겪고

많은 사람들이 자기들의 욕망을 이루어가는 모습을

우리는 너무나 자주 목격합니다.

착하게 사는 것이 부질없다는 생각이 들 때도 있습니다.

그러나 이제 흔들리는 마음을 다잡겠습니다.

우리 눈에는 보이지 않아도 누룩이

반죽을 부풀게 하는 것처럼

우리가 심는 사랑과 평화와 생명의 씨가

세상을 밝히는 꽃으로 피어날 날이 올 것을 믿습니다.

이런 우리 믿음이 흔들리지 않도록 우리를 지켜주십시오.

아멘.

5

하나님,
가끔 외로움이 물결처럼 가슴에
사무칠 때가 있습니다.
많은 이들과 다양한 관계를 맺고 살지만
영혼 가장 깊은 곳에 도사린 쓸쓸함은 좀처럼
스러지지 않습니다.
그러나 저만치 어딘가에 같은 곳을 바라보며
더 나은 세상을 이루기 위해 고투하고 있는
이들이 있다는데 생각이 미치면
어느덧 마음의 어둠과 외로움이 잦아들곤 합니다.
그들은 징검돌과 같은 사람들입니다.
바울은 선한 일을 시작하신 분께서 기어코
그 일을 완수하리라는 확신이 있었기에
현실의 어려움을 이길 수 있었습니다.
이 믿음을 우리에게도 허락하여 주십시오. 아멘.

당신은 바다에

많은 길을   내시어도

6

하나님,
우리는 어떤 말을 해도 어려움을 겪지 않으리라는
확신이 있을 때는 목소리를 높이고,
어려움이 예기될 때는 명백한 불의를 보면서도
입을 다물고 맙니다.
비겁한 침묵이 불의에 용기를 불어넣음을 잘 알면서도
소리를 내지 못하는 우리를 불쌍히 여겨주십시오.
무도한 권력의 질주를 멈춰 세우기 위해
겸손하지만 단호하게 개입했던 다니엘의 용기를
우리에게도 허락하여 주십시오.
모든 사람이 자기 몫의 삶을 온전히 누리는
세상을 열기 위해 헌신하게 해주십시오. 아멘.

7

하나님,

무대 위에 서는 많은 이들이

주연배우가 되고 싶어 합니다.

중요한 역할을 맡고 싶다는 생각을 나무랄 수는 없습니다.

하지만 조연이나 보조 출연자들이 없다면

무대 위의 이야기는 온전할 수 없습니다.

또 무대 뒤에서 보이지 않는 수고를 하는 이들이 많습니다.

그들은 눈에 보이진 않지만 소중한 사람들입니다.

하나님의 역사 무대에서 우리에게 주어진 역할이 무엇이든

성심껏 감당할 수 있게 해주십시오.

나아가야 할 때와 물러서야 할 때를

분별하는 지혜를 주시고,

떠나야 할 때 홀가분하게 떠날 수 있는

자유를 허락하여 주십시오. 아멘.

8

하나님,
세상은 우리가 꿈틀거릴 때마다
가만히 있으라고 윽박지릅니다.
사람들은 앞을 보지 못하는 바디매오가 소리를 높이자
"조용히 해, 바디매오"라고 꾸짖었습니다.
기존 질서에 이의를 제기하는 이들에게는
늘 불온의 찌지가 붙습니다.
선한 사람들의 침묵은 불의에게 용기를 주는
일임을 압니다.
주님, 우리 속에 숨을 불어넣으시어
일어선 사람이 되게 해주십시오.
곧게 일어서서 주님이 앞서 걸으신 그 길로
성큼성큼 걸어가게 해주십시오.
우리가 걷는 발걸음마다 정의와 평화가 깃들게 해주십시오.
아멘.

9

하나님,

습관의 폭력은 정말 무섭습니다.

우리는 늘 바라보던 방식으로 세상과 이웃을 바라봅니다.

새로운 것을 갈망하지만 낯선 세상

혹은 이질적인 것과 만나는 것을 두려워합니다.

그래서 우리는 새로운 역사를 창조하시는

하나님의 뜻을 거스르기도 합니다.

새 포도주는 새 가죽 부대에 담아야 하는 것을 잘 알면서도

우리는 익숙한 세상에서 벗어나지 못합니다.

애굽에 살던 이스라엘을 이끌어내셨던 것처럼

우리를 새로운 세상으로 이끌어 주십시오.

두려움을 떨치고 일어나

진리의 광대한 세상으로 나아갈 수 있게 해주십시오. 아멘.

당신은 바다에

많은 길을   내시어도

하나님,

주님의 이름으로 모이는 교회가

주님의 영광을 가리고 있습니다.

주님을 믿노라 하는 신자들이

주님의 이름을 욕되게 하고 있습니다.

고백과 삶 사이의 거리가 너무 멀어졌습니다.

하나님의 정원인 구체적인 삶의 자리를

아름답게 가꾸지 못하고 있습니다.

누가 성전 문을 닫아걸었으면 좋겠다는 말씀이

천둥소리처럼 우리 가슴을 울립니다.

이제는 달라지고 싶습니다.

하나님의 마음에 시원함을 드리는 이들이 되고 싶습니다.

우리를 버리지 마시고,

우리를 주님의 일꾼으로 삼아주십시오. 아멘.

11

하나님,

나약한 우리는 삶이 고달플 때마다

실낱같은 희망이라도 붙잡고 싶어 주위를 둘러봅니다.

연이어 닥쳐오는 어려움을 해결하려고 동분서주하다 보니,

우리는 어느덧 하늘을 잃은 사람이 되고 말았습니다.

하늘을 잃자 땅의 인력은 더욱 확고하게

우리를 잡아당깁니다.

우리를 사로잡고 있는 헛된 욕망과 망상을

뒤주 속에 가둬주십시오.

그리고 그것을 우리에게서 멀리 치워주십시오.

삶이 힘들어도 하나님을 경외하는 마음,

이웃을 사랑하는 마음을 잊지 않게 해주십시오. 아멘.

당신은 바다에

많은 길을   내시어도

하나님,

뿌리 없는 부평초처럼 욕망의 바람이 부는 대로

이리저리 나부끼는 우리를 불쌍히 여겨주십시오.

은총을 통해 하나님의 씨가 우리 속에 심겼음에도 불구하고

우리는 그 씨를 정성을 다해 가꾸지 못했습니다.

세상을 향하고 있는 우리 눈길을 거두어들여

하나님을 바라보며 살게 해주십시오.

죄의 단맛을 끊어버린 사람이 되게 해주십시오.

때로는 쓰고 매운 듯 보이지만,

우리에게 진정한 자유와 평화를 안겨주는

진리를 맛보며 사는 멋진 사람들이 되게 해주십시오. 아멘

13

하나님,
지금도 이삭처럼 사는 게 가능한지요?
약한 사람을 보듬어 안아주던 공동체가 무너진 후
세상은 정글처럼 변했습니다.
살아남기 위해 사람들은 자신을
강하게 보이고 싶어 합니다.
허세를 부르는 사람들의 이면에 있는 것은 두려움입니다.
어려움을 반복적으로 겪으면서도
내면의 중심이 흐트러지지 않았던
이삭의 평온함과 고요함을 배우고 싶습니다.
하나님은 그런 이삭에게 복을 주셨습니다.
이런 믿음의 확신을 우리에게도 허락하여 주십시오.
비폭력적인 저항이야말로 세상을 변화시키는 힘임을
잊지 않게 해주십시오. 아멘.

당신은 바다에
많은 길을   내시어도

하나님,

우리는 사랑하는 이들에게

가장 좋은 것을 주고 싶어 합니다.

사랑하는 이들이 안락하고 편안하게

살 수 있기를 바라는 것은 인지상정입니다.

그런데 어쩌자고 갈렙은 딸과 사위에게

척박한 광야를 물려준 것일까요?

미워해서가 아니라 사랑하고 신뢰했기 때문일 것입니다.

바라는 모든 것을 손쉽게 손에 넣을 수 있을 때

삶에서 소거되는 것은 감사와 감격입니다.

비록 지금 우리가 걷고 있는 인생길이

광야처럼 고달프다 해도 투덜거리지 않겠습니다.

뚜벅뚜벅 걸어가며 감사와 기쁨의 찬양을 바치겠습니다.

우리의 찬양을 받아주십시오. 아멘.

하나님,
의도하든 의도하지 않든 우리는
주위 사람들에게 폐를 끼치며 살아갑니다.
할 수 있는 한 친절하고 따뜻한 마음으로
 사람들을 대하려 하지만,
무정한 마음에 굴복할 때가 더 많습니다.
존중받고 사랑받는다는 느낌이 들 때
우리는 너그러워집니다.
그러나 무시당한다고 느낄 때면 날카로워집니다.
와스디처럼 누군가의 꽃이 아니라
자기 생각과 입장을 가진 사람으로 살려다가
어려움을 겪는 이들을 긍휼히 여겨주십시오.
주님의 무한하신 자비로 그들을 품에 안아주십시오. 아멘.

하나님,

진실한 사람이 되고 싶습니다.

두려움 없이 주님을 신뢰하는 사람이 되고 싶습니다.

악의 없이 순수한 사람이 되고 싶습니다.

이런 우리의 바람은 현실의 장벽에 부딪혀

좌절되곤 합니다.

장하게 세웠던 뜻이 무너지면

우리는 허탈감에 사로잡힙니다.

다니엘과 세 친구들처럼 확고한 믿음 위에

우리 인생의 집을 짓고 싶습니다.

주님의 신비를 우리에게 보여주십시오.

주님의 사랑이 우리 삶의 어둠을 밝히는

새벽이 되게 해주십시오.

비틀거리지 않고 진리를 향해

뚜벅뚜벅 걸어갈 힘과 용기를 주십시오. 아멘.

하나님,

주님은 말로써 천지를 창조하셨지만

불충한 우리는 말로 혼돈을 만들며 삽니다.

사람과 사람 사이를 이어주어야 할 말을 오용하여

불통의 세상을 만들었습니다.

사람들은 이제 서로의 말을 믿지 않습니다.

말이 무너진 자리에 남은 것은 불신과 미움뿐입니다.

진실한 말, 꼭 필요한 말, 친절한 말을 하며

살게 해주십시오.

참과 거짓을 가려들을 수 있는

분별력을 허락하여 주십시오.

자신을 정당화하기 위해 불필요한 말을 함으로

오히려 말을 오염시키던 우리의 잘못된 습관을

고쳐주십시오. 아멘.

18

하나님,

낯선 이들과 삶을 공유하는 일은 참 어렵습니다.

저마다 생각과 습관이 다르기 때문입니다.

공동체를 이루기 위해서는 인내와 이해와

사랑이 필요하지만 우리는 그 번거로움이 싫어서

진지한 사귐을 회피하기도 합니다.

그러나 그런 버성김을 극복하면서 친밀하게 된 이들은

얼마나 귀한지요?

그들과 헤어져야 한다는 것은 얼마나 큰 아픔입니까?

주님의 뜻에 순종하기 위해 고난이 예견되는 길을 떠나는

바울의 그 마음을 잊지 않게 해주십시오.

주님이 어디로 이끄시든지 '아멘' 하고 따라나설 수 있는

믿음을 우리 속에 심어주십시오. 아멘.

19

하나님,

삶이 곤고함을 알기에 우리는

다른 이들의 시선이나 평가에 민감하게 반응합니다.

나를 긍정해주는 사람을 만나면 살맛이 나고,

부정적인 시선이나 반응에 부딪힐 때면

어둠에 사로잡히곤 합니다.

사람들의 그런 평가나 인정이 예수님께 별다른 영향을

끼치지 못했다는 사실이 우리를 부끄럽게 만듭니다.

이웃들과 좋은 관계를 유지하면서도

그들의 평가에 연연하지 않을 수 있는

자유로움을 누리고 싶습니다.

그런 자유는 진리 안에 굳게 서 있을 때

유입되는 것임을 압니다.

우리를 더 깊은 진리의 세계로 이끌어 주십시오. 아멘.

당신은 바다에

많은 길을   내시어도

하나님,

생이 가혹하다는 생각에 사로잡힐 때가 많습니다.

아무리 애써 보아도 길이 보이지 않을 때

우리는 운명이 우리를 어디로 이끌어갈지 몰라

전전긍긍합니다.

하나님의 길은 우리의 길과 다르고,

하나님의 생각은 우리의 생각보다 높다는 사실을

잘 알면서도 조바심에서 벗어나지 못합니다.

모세가 겪어야 했던 고독이 단순한 괴로움이 아니었던 것은

그 고독 속에서도 하나님의 사랑을 느낄 수 있었기

때문입니다.

삶이 아무리 곤고해도 하나님의 사랑 밖으로

떠밀릴 수 없다는 사실을 잊지 않게 도와주십시오. 아멘.

21

하나님,

초심을 잃지 않기란 여간 어려운 것이

아닌 것 같습니다.

가진 것이 없을 때는 작은 이익에 쉽게 흔들리지 않지만

지켜야 할 것이 늘어날 때면 슬그머니

애초의 소신을 저버리고

편의주의를 따르는 게 우리들의 부끄러운 모습입니다.

자꾸만 내려놓고 버리는 연습을 하지 않으면

결국 욕망에 굴복하고 마는 게 우리 인생임을

잊지 않게 해주십시오.

하나님과의 친밀한 사귐 속에서 인생의 진미를

발견하고 싶습니다.

쉽게 흔들리곤 하는 우리 마음을 꼭 붙들어주십시오. 아멘.

당신은 바다에

많은 길을   내시어도

22

하나님,

예레미야는 "만물보다 더 거짓되고 아주 썩은 것이

사람의 마음"이라고 탄식했습니다.

칙살맞고 던적스러운 사람들에게 치일 때마다

예레미야의 그 말이 자꾸만 떠오릅니다.

그러나 곰곰이 생각해보면 다른 이들을

가리킬 것도 없습니다.

우리 마음 또한 욕망의 어둠 속에 잠겨 있으니 말입니다.

누구를 대하든 사랑의 마음으로 대하셨던

예수님의 마음을 닮고 싶습니다.

사람들 속에 있는 가장 아름다운 가능성을 보고

그것을 호명해주신 주님의 사랑을 배우고 싶습니다.

우리의 거칠어진 마음을 부드럽게 바꾸어주십시오. 아멘.

하나님,
거칠고 상스러운 말, 다른 이에게 상처를 입히는 말,
조롱하는 말, 냉소하는 말, 저주하는 말이
세상을 어지럽히고 있습니다.
바람이 바닥에 깔린 먼지와 쓰레기를
공중에 날게 하는 것처럼 이러한 죽임의 말들로 인해
세상은 혼돈에 빠지고 있습니다.
종교 지도자를 자처하는 이들의 말이
살림의 말이 아니라 죽임의 말인 경우가 많습니다.
우리를 불쌍히 여겨주십시오.
바른말, 살리는 말, 정 깊은 말, 따뜻한 말, 부드러운 말을
사용하는 이들이 늘어나게 해주십시오. 아멘.

하나님,
난폭한 운명에 걸어 채인 사람들은
좀처럼 명랑함을 되찾지 못합니다.
세상이 온통 적대적인 것처럼 보이기 때문입니다.
외로움이 심화 되면 자기 외부 세계를 공포로 인식합니다.
주님께서 우리에게 신앙공동체를 주신 것은
절망을 넘어 희망의 노래를 부르라는 뜻인 줄로 믿습니다.
세상이 아무리 소란해도 주님의 꿈을 가슴에 품은 이들이
손을 맞잡을 수 있다면 우리는 좌절하지 않을 것입니다.
혼돈이 우리를 삼키려 할 때 사랑의 노래, 평화의 노래를
부를 줄 아는 진실한 믿음을 허락하여 주십시오. 아멘.

하나님,
가끔은 누구에게도 말못할 고민에
빠질 때가 있습니다.
아무도 이해해줄 수 없을 거라는 생각에 마음이 아뜩해지면
삶의 무게가 태산처럼 무겁게 느껴지기도 합니다.
비가 되어 내릴 때 먹장구름의 어둠이 걷히는 것처럼,
우리도 마음 내려놓을 곳이 절실히 필요합니다.
주님, 우리에게 마음을 나눌 사람을 보내주십시오.
어떤 판단도 하지 않으면서 존재 그 자체를
따뜻하게 받아들일 수 있는 사람이 그립습니다.
이제 우리도 누군가에게 그런 사람이 되기 위해
노력하겠습니다.
우리를 이끌어 주십시오. 아멘.

당신은 바다에

많은 길을   내시어도

하나님,

각자에게 주어진 삶의 길이 다 다른 것 같습니다.

평범하게 살다 가는 이들도 있고,

극적인 일에 연루되어 살다가 가는 이들도 있습니다.

그러나 삶의 경중은 가릴 수 없습니다.

우리에게 품부된 삶이 무엇이든

하나님이 주신 기회로 알고 살겠습니다.

크든 작든 하나님께서 맡겨주신 삶의 자리에서

그리스도의 향기를 풍기며 살겠습니다.

하나님을 경외하는 마음을 잃지 않도록

우리 마음을 지켜주십시오. 아멘.

하나님,

돌아보면 우리 삶은 온통 실수와

허물투성이입니다.

바르고 정직하게 살겠다고 다짐하지만,

어느 순간 우리는 무정한 사람이 되어

이웃의 마음에 못을 박곤 합니다.

흠과 허물을 숨긴 채 우리는 교양인으로

혹은 신앙인으로 처신합니다.

요셉의 형제들은 예기치 않은 운명의 타격과 만났을 때

자기들의 죄를 비로소 자각했습니다.

너무 늦기 전에 우리도 스스로 잘못을 깨닫고

돌이킬 수 있게 해주십시오.

그런 실수와 고통을 자양분 삼아

더 나은 존재가 되도록 이끌어 주십시오. 아멘.

많은 길을   내시어도

하나님,
하나님을 진심으로 경외했던 다윗도
한순간 오만에 빠졌던 것일까요?
정병 삼만 명을 동원하여 법궤를 납치하려 했던
그를 보고 얼마나 마음이 아프셨습니까?
그러나 다행히 다윗은 자기의 잘못을
자각할 줄 아는 사람이었습니다.
다윗 못지않게 많은 잘못을 저지르면서도
여전히 자기 의에 사로잡혀 거들먹거리는
우리를 불쌍히 여겨주십시오.
겸허하게 하나님의 뜻을 받들며 조심스럽게 살도록
우리를 이끌어 주십시오. 아멘.

..

29

하나님,

욕망의 벌판에서 허둥거리다 보니 숨이 가쁩니다.

삶은 지루하고 우리 영혼은 남루하기 이를 데 없습니다.

마땅히 지켜야 할 삶의 원리를 잊은 지 이미 오래입니다.

전투를 치르듯 하루하루를 사느라

우리는 소명을 잊었습니다.

우리가 왜 이 세상에 왔는지,

하나님이 우리를 통해 하시려는 일이 무엇인지

다시금 일러 주십시오.

자아로 꽉 차 있는 우리 마음에 여백을 창조해주셔서,

이웃들이 편안하게 드나들 수 있게 해주십시오. 아멘.

당신은 바다에

많은 길을   내시어도

하나님,

흔히 사람들은 쉽게 흔들리거나

연약한 것을 말할 때 갈대를 들먹입니다.

그런 의미에서 우리는 모두 갈대입니다.

그것도 상한 갈대입니다.

세상의 거센 바람과 맞서느라 우리는

허리가 꺾이고 말았습니다.

갈대 같은 우리들이지만 주님이 숨을 불어 넣어주시면

우리는 하늘의 선율을 노래하는 피리가 될 수 있습니다.

우리가 마땅히 가야 할 데를 일러주시고,

떠나야 할 때 홀연히 떠날 수 있도록

우리 마음에 홀가분한 자유를 심어주십시오. 아멘.

헬리 나우웬은 기도란 "평화를 미워하는 자들의 거처를 떠나, 하나님의 집으로 들어가는 것"이라고 말했습니다. 이 말을 오해하지 말아야 합니다. 기도는 현실을 회피하기 위해서 하는 것이 아니라, 폭력적이고 불의한 현실을 사랑으로 극복하기 위해 하는 것입니다. 세속화가 심화되는 이 때야말로 기도할 용기를 내야 할 때입니다.

1

하나님,

경작하고 돌보고 풍요롭게 만들라 이르신

이 땅을 우리가 다 망가뜨려 놓았습니다.

하나님이 보시기에 좋았다 감탄하셨던 세상이

이제는 걱정거리가 되었습니다.

도처에서 피조물의 신음소리가 들려옵니다.

짓눌린 이들의 억눌린 함성이 세상을 채우고 있습니다.

이제는 돌이키고 싶습니다.

어리석고 무능한 우리를 꾸짖어 주십시오.

화들짝 잠에서 깨어나 맡기신 일들을

성심껏 수행하게 해주십시오.

다시는 하나님을 능멸하는 일이 없게 해주시고,

주님을 경외하는 참사람으로 거듭나게 해주십시오. 아멘.

당신은 바다에

많은 길을   내시어도

2

하나님,
생기 충만한 사람을 만나면
저절로 입가에 미소가 번집니다.
세상 번뇌를 알지 못하는 것 같은 아기들의 천진한 미소는
우리 마음에 드리운 시름을 지우는 지우개입니다.
세상 사람들이 하나님을 믿는 이들에게
기대하는 바도 그런 것이 아닐까요?
주님을 알고 또 믿는다고 하면서도 여전히
우울과 근심의 늪에 빠져 지내는 우리를
불쌍히 여겨주십시오.
주님의 마음을 우리 속에 일으켜 주십시오.
하늘 바람 타고 신명나게 살고 싶습니다.
성령이여, 우리 가운데 임하십시오. 아멘.

3

하나님,
많은 것을 받아 누리면서도
우리는 고마운 줄 모릅니다.
주어진 것을 당연하게 여기기 때문입니다.
우리는 주어진 것에 감사하기보다는
결핍된 것에 온통 마음을 빼앗긴 채 살아갑니다.
우리 삶이 피곤한 것은 만족할 줄 모르는
마음의 습성 때문입니다.
소중한 것을 빼앗긴 후에야 그것이 얼마나
소중한 것이었는지를 뒤늦게 자각하는 우리들입니다.
이제는 일상의 모든 순간을
감사와 기쁨으로 받아들이며 살고 싶습니다.
이런 결심이 흔들리지 않도록 우리 마음을
꼭 붙들어주십시오. 아멘.

당신은 바다에

많은 길을   내시어도

4

하나님,

사방이 가로막힌 듯

삶의 전망이 보이지 않을 때가 있습니다.

마치 벼랑 끝에 선 것처럼 마음이 아뜩해지고,

닫힌 문 앞에 선 것처럼 답답할 때 말입니다.

문득 내 앞에서 길이 끊어진 것 같아 낙심될 때도 있습니다.

주님, 지금 광야에 선 듯 삶이 위태로운 이들을

돌봐주십시오.

사막에서 목이 말라 허덕이는 나그네처럼

지친 이들에게 생명의 샘물을 허락하여 주십시오.

길 없는 곳에 길을 내시는 주님,

우리의 길이 되어주십시오. 아멘.

5

하나님,
많은 것을 누리고 살면서도
우리는 만족하지 못합니다.
우리보다 더 많은 것을 누리는 사람들이
눈에 들어오기 때문입니다.
평준화된 욕망에 시달리고,
그것을 채우기 위해 동분서주하는 동안
우리는 삶이 주는 안온한 행복을 잃어버렸습니다.
삶의 온기를 나누던 정겨운 이웃들은 점점 멀어지고,
싸늘한 표정을 짓고 사는 타인들만이
우리의 공간을 채우고 있습니다.
이제 성스러운 단순함을 회복하고 싶습니다.
필요할 때마다 정확하게 채워주시는
하나님을 신뢰하며 살려 합니다.
우리의 어두운 마음에 하늘의 빛을 비춰주십시오. 아멘.

당신은 바다에

많은 길을   내시어도

6

하나님,

사람들은 저마다 세상을 보고 투덜거립니다.

세상이 왜 이 모양이냐고 탄식하기도 합니다.

그런데 그런 세상을 바꾸기 위한 노력은 게을리합니다.

세상을 바꾸기 위해 수고하고 땀 흘리는 것은

늘 다른 사람이기를 바랄 뿐입니다.

아름다운 세상은 꿈만 꾼다고 오는 것이 아니라,

그런 세상을 위해 헌신하는 이들을 통해

열림을 잊지 않게 해주십시오.

사막에 나무를 심는 사람의 마음처럼,

우리도 이 삭막한 세상에

사랑의 씨를 심으며 살게 해주십시오. 아멘.

7

하나님,

가끔 거울을 보면

낯선 사람 하나가 나를 가만히 바라봅니다.

왠지 모를 부끄러움이 몰려올 때가 있습니다.

지친 얼굴, 어두운 얼굴이 거기 있기 때문입니다.

스데반은 어떻게 죽음의 위기 앞에 몰려서도

고요함과 맑음을 유지할 수 있었을까요?

꺼지지 않는 빛, 어두워질 수 없는 빛이

그 속에 있었기 때문일 겁니다.

주님, 우리도 그 빛 가운데 머물게 해주십시오.

그 빛을 받아 주위를 환하게 밝히는 사람이 되고 싶습니다.

우리 얼굴 속에서 사람들이

주님의 모습을 볼 수 있게 해주십시오. 아멘.

당신은 바다에

많은 길을   내시어도

8

하나님,
악인들의 승전가가 도처에서 들려옵니다.
득의만면, 의기양양한 그들의 모습을 보며
선한 사람들은 더욱 속상해합니다.
이런 세상이기에 우리는 더욱 간절히
주님의 개입을 기다립니다.
악인들의 뿔을 뽑아주시고,
그들이 더 이상 의로운 이들을 억압하거나
조롱하지 못하게 해주십시오.
현실이 제아무리 어두워도
하나님의 빛을 꺼뜨릴 수 없음을 깨닫게 하시고,
끈질기게 빛의 노래를 부르도록 우리 속에
하늘의 숨을 불어넣어 주십시오. 아멘.

9

하나님,
마음이 스산할 때 촛불 하나를 밝혀놓으면
낯선 고요함이 우리를 확고히 감쌉니다.
몽환적인 분위기 속에 머물다 보면
우리를 괴롭히던 것들이 허망한 것임을 깨닫게 됩니다.
우리 마음에 꺼지지 않고 타오르는 불이 있다면
우리는 냉혹한 세상에서 낙심하지 않을 수 있습니다.
"불이 이미 붙었으면, 내가 바랄 것이 무엇이 더 있겠느냐?"
주님의 이 탄식이 아픔이 되어 다가옵니다.
주님의 불꽃이 우리 속에서 활활 타오르게 해주십시오.
아멘.

당신은 바다에
많은 길을   내시어도

하나님,

무정한 세상에 살면서

우리 마음은 잔뜩 쪼그라들었습니다.

작은 충격에도 어쩔 줄 몰라 비틀거립니다.

배신의 쓰라림을 겪을 때마다

우리 마음은 굳게 닫히곤 합니다.

주님의 한결같은 사랑, 주님의 미쁘심이 아니라면

우리는 이미 쓰러졌을 것입니다.

세태와 무관하게 언제나 그 자리에 서 있는 산처럼,

거친 바람이 불어도 이내 수평을 유지하는 바다처럼

주님은 그렇게 든든한 존재의 근거가 되어주십니다.

우리의 마음도 주님을 닮기 원합니다.

천둥소리에도 놀라지 않는 사자처럼

담대하게 믿음의 싸움을 계속하게 해주십시오. 아멘.

하나님,

진실한 사람이 되고 싶습니다.

전심을 다하여 주님을 따르는 사람이 되고 싶습니다.

주님이 보여주신 하나님 나라를 향유하며 살고 싶습니다.

그러나 속정에 매인 우리는 맛깔스러우나 담백한

진리의 세계보다

자극적인 소비의 낙원을 더 좋아합니다.

눈에 보이지 않는 하나님을,

가시적으로 드러내라는 부름을 받았으나

여전히 눈에 보이는 세계에만 마음을 두고 사는

우리를 불쌍히 여겨주십시오.

이제는 그 곤고한 삶에서 벗어나 고요하고

담백한 진리에 맛들인 사람이 되게 해주십시오. 아멘.

당신은 바다에

많은 길을   내시어도

12

하나님,

세상 모든 사람의 얼굴에는

"누군가 나를 사랑해달라"는 외침이 적혀 있습니다.

사랑에 목말라 하고, 이해에 굶주린 채

우리는 거친 세상을 방황하고 있습니다.

마음 따뜻한 사람과 만나면

상처 입었던 마음이 저절로 치유되는 것 같습니다.

다른 이들이 우리를 이해하고 사랑해주기를 바라는 만큼

우리가 먼저 이해와 사랑의 사람이 되게 해주십시오.

기뻐하는 이와 함께 유보 없이 기뻐하고

슬퍼하는 사람과 함께 슬퍼하는 사람이 되게 해주십시오.

아멘.

하나님,
시간 속을 걸어가는 우리는
후회와 불안 속에서 바장입니다.
낙원에서 쫓겨난 인간은 다시는
그 '꿈꾸는 순진무구'의 상태로 돌아갈 수 없습니다.
과거에 충실히 살지 못했다는 자책이
우리를 사로잡을 때가 많습니다.
우리는 또한 불확실한 미래를 두려움으로 전망하곤 합니다.
부질없는 일들입니다.
이제는 우리의 두려움과 혼돈까지 주님께 다 맡깁니다.
손에 쟁기를 잡았으니 뒤를 돌아보지 않고
앞만 보고 나아가겠습니다.
혼돈을 질서로, 공허를 의미로, 어둠을 빛으로 바꿔주실
주님만 믿고 나아가겠습니다.
우리를 꼭 붙들어주십시오. 아멘.

당신은 바다에

많은 길을   내시어도

14

하나님,

해처럼 빛나는 얼굴을 만나기 어려운 시대입니다.

다들 지쳐 있습니다.

조금만 건드려도 화를 내거나 울 것 같은 표정을

짓고 살아갑니다.

하나님은 창조된 세상을 보고 기뻐하셨지만

우리는 무덤덤하게 그 곁을 지나갈 뿐입니다.

우리 영혼은 늘 뭔가에 쫓기듯 불안에 시달립니다.

참된 안식을 누리고 싶습니다.

하나님의 창조 리듬 속에 깊이 잠겨 우리의 '있음'

그 자체가 은총임을 깨닫게 해주십시오.

하나님의 마음과 깊은 일치를 이루게 하시고,

공평과 공의를 이루는 기쁨을 한껏 누리게 해주십시오.

아멘.

하나님,

땅의 것만 바라보고 사는 인생이 참 무겁습니다.

주님 안에 사는 이들의 생명은 그리스도와 함께

하나님 안에 감추어져 있다고 믿고 고백하지만,

현실의 바람 앞에서 우리의 그런 고백은

무력하기만 합니다.

이제 정말 새 사람의 옷을 입고 싶습니다.

하나님의 형상을 따라 새로워져 참지식에 이르고 싶습니다.

우리를 붙잡고 놓아주지 않는 탐욕을 향해

오연(午然)한 목소리로 '가라'고 외치고,

주님이 주시는 참 자유를 누리며 살게 해주십시오. 아멘.

하나님,

주님은 원수까지도 사랑해야 한다고 가르치셨지만

여전히 편협하기만한 우리는 여전히

그런 가르침대로 살지 못합니다.

우리에게 해를 끼치는 이들을 머리로는 받아들일 수 있지만

감정은 그를 밀어내고 보복을 감행하기 때문입니다.

용서하고 용납하기 위해서는 우리가 커져야 함을

깨닫습니다.

우리 마음을 주님께 내려놓습니다.

우리 마음을 넓혀주시고, 주님의 사랑으로

가득 채워주십시오.

그 사랑 안에 머물며, 세상의 모든 얽힌 것들을 풀어내는

평화의 사람이 되게 해주십시오. 아멘.

하나님,
이야기는 사람을 만들고 사람은 이야기를
만든다는 말이 참 실감이 나는 나날입니다.
우리가 주로 듣는 이야기가
우리의 세계관과 인생관을 형성하니 말입니다.
하나님을 경외하는 사람들이 고초를 겪으며
당도한 진리의 세계가 우리 앞에 있습니다.
그 아프고도 진실된 이야기가
우리를 새로운 세계로 인도합니다.
마음을 열고 그 이야기를 듣고
또 그 이야기의 일부가 되고 싶습니다.
세상의 소음에 귀를 기울이지 말고,
세미한 하나님의 음성에 귀를 기울이도록
우리를 인도해주십시오. 아멘.

당신은 바다에

많은 길을   내시어도

18

하나님,
엄벙덤벙 살다 보니 가리산지리산
삶이 뒤죽박죽입니다.
다들 분주하게 어딘가를 향해 질주하고 있지만,
그 방향이 옳은지는 차마 묻지 않습니다.
행여 길을 잘못 들었다는 생각이 들까 봐
두렵기 때문입니다.
이왕 들어선 길 내처 달리자는 심정으로 살지만
마음의 공허가 줄어들지 않습니다.
우리에게 주어진 현실에 충실해야 하지만,
우리가 본향을 찾는 나그네임을 잊지 않게 해주십시오.
더 큰 세계를 향해 마음을 열게 하시고,
먼빛의 시선으로 우리 삶을 조망하는
여유를 허락하여 주십시오. 아멘.

_19_

하나님,
불안이 안개처럼 슬그머니 우리 영혼을
잠식할 때면 마치 세상에 홀로 남겨진 것 같은
외로움에 사로잡히곤 합니다.
누군가 내 손을 잡아주기를 바라지만
사람들은 모두 저만치에서 자기들만의
일에 분주한 것처럼 보입니다.
그러다가 문득 누군가가 내민 손을 느낄 때면
울고 싶은 생각이 들기도 합니다.
외로운 사람들 곁에 다가가는 일은
정말 숭고하고 아름다운 일입니다.
오늘 사무치는 외로움 속에서 울고 있는
이들 곁에 다가갈 용기를 주십시오.
그리고 말이 아닌 존재의 온기로 그를 감싸게 해주십시오.
아멘.

당신은 바다에

        많은 길을   내시어도

하나님,

우리는 어려운 일을 만나면 습관처럼

주위를 둘러보며 도움의 손길을 찾습니다.

도와줄 사람이 하나도 없다고 느낄 때

깊은 좌절과 절망감에 사로잡힙니다.

세상을 원망하기도 합니다.

세상의 모든 가능성이 사라졌다고 느낄 때

비로소 우리는 하나님을 바라봅니다.

본말전도(本末顚倒)입니다.

그런데 죽음의 공포에 시달리는 이들에게 어찌하여

아기의 탄생을 희망의 징조라 말씀하시는지요?

그 아기를 돌보는 것이야말로 희망의 심지에

불을 붙이는 일이라 일깨워주심인지요?

이제는 한숨을 거두고 연약한 생명을

보듬어 안기 위해 노력하겠습니다. 아멘.

하나님,

우리는 늘 좋은 소식을 갈망합니다.

하루종일 울리지 않는 전화를, 쓸쓸하게 바라볼 때도 있고,

텅 빈 우체통을 멍하게 바라볼 때도 있습니다.

가끔은 뭘 기다리는지도 모르면서

막연히 기다릴 때도 있습니다.

그러나 절박한 처지에 빠진 사람들,

생존의 벼랑 끝으로 내몰린 이들은

구원자의 손길을 기다립니다.

욕망의 전장에서 지친 이들은

평화로운 세상이 도래하기를 꿈꿉니다.

그러나 꿈꾸는 자는 그 꿈을 지금 여기서 살아내야 한다는

사실을 잊지 않게 해주십시오. 아멘.

당신은 바다에

많은 길을   내시어도

하나님,
주님이 마지막 숨을 거두실 때
온 세상에 어둠이 내렸습니다.
그러나 부활절 아침 그 빈 무덤으로부터
영원히 꺼지지 않는 빛이 탄생했습니다.
우리는 그 빛을 보고 사는 사람입니다.
그러나 "빛 가운데 있다고 말하면서 자기 형제자매를
미워하는 사람은 아직도 어둠 속에 있다"는
사도의 말이 죽비처럼 우리 어깨를 내리치고 있습니다.
이제 우리 속에 있는 의구심을 떨쳐버리고
사랑의 모험에 나서겠습니다.
주님의 빛을 우리에게서 거두지 말아 주십시오. 아멘.

23

하나님,
아기를 낳으려는 여인 앞에 도사리고 있는
용의 모습을 상상하는 것만으로도 오싹 공포를 느낍니다.
이것은 한낱 이미지에 지나지 않는다고
생각해보려 하지만 그럴 수 없습니다.
지금 우리의 현실이 이와 다를 바 없기 때문입니다.
선한 뜻을 품고 사는 이들은 항시적인 위협에
노출되어 있습니다.
하나님의 뜻대로 살기 위해
고난을 마다하지 않는 이들을 지켜주십시오.
그리고 우리도 여리고 순수한 생명이 유린되지 않도록
감싸는 강보와 같은 사람이 되게 해주십시오. 아멘.

24

하나님,

긴긴밤을 견디며 날이 새기만을 기다리던

목자들이 만났던 그 영광의 빛을 우리에게도 비춰주십시오.

상처와 아픔과 절망과 어둠을 감싸 안는

그 따뜻한 빛에 안겨 잠시 쉬고 싶습니다.

'하늘의 영광'과 '땅의 평화'를 노래했던

천사들의 노랫소리를 듣고 싶습니다.

그 노랫가락에 몸을 싣고 우울과 절망을

떨쳐버리게 해주십시오.

그리스도의 평화가 이 땅에 도래할 수 있도록

길을 닦는 사람들이 되게 해주십시오. 아멘.

25

하나님,
우리를 좋아하는 이들과 만나면
마음의 빗장을 풀고 함께 웃을 수 있어서 참 좋습니다.
하지만 살다 보면 만나고 싶지 않은 사람을
만나야 할 때도 있습니다.
내색하지 않지만, 마음은 종내 무겁기만 합니다.
그런데 주님은 어떻게 하나님의 뜻을
거스리는 이들까지도 사랑하실 수 있었습니까?
당신을 비웃는 사람들을 위해 용서를 비실 수 있었습니까?
아직 우리는 그런 사랑에 미치지 못합니다.
하지만 그 길이야말로 우리가 궁극적으로
가야 할 길임을 잊지 않게 해주십시오. 아멘.

당신은 바다에

많은 길을   내시어도

26

하나님,
삶이 순탄하고 원하는 것들이
제 때에 이루어지면 우리는 하나님을 잊곤 합니다.
자기가 누리고 있는 것들이 선물임을,
누군가가 대신 대가를 지불한 것임을 잊고
교만에 빠집니다.
이게 어쩔 수 없는 인간의 버릇입니다.
예기치 않은 시간에 다가온 시련과 아픔은
우리가 얼마나 연약한 존재인지를 일깨워줍니다.
그제야 교만했던 과거가 부끄럽게 느껴집니다.
날마다 우리의 작음을 알게 하시고,
일상의 모든 순간이 은총의 통로임을 잊지 않게
해주십시오. 아멘.

하나님,

어쩌자고 여전히 자아로부터 해방되지 못한

이들에게 "너희는 세상의 빛",

"너희는 세상의 소금"이라 말씀하셨습니까?

그것은 그렇게 되어야 한다는 명령을 내포한다는 사실을

잘 알지만 우리는 그 이름값을 하지 못하고 있습니다.

소금이 되고 빛이 되기 위해서는

우리 속이 먼저 말끔히 비워 져야 하는데,

우리는 아직도 바라는 게 너무 많습니다.

지켜야 할 것이 많기에 우리는 주님으로

만족하지 못합니다.

불쌍히 여기소서.

반딧불이 하나에 불과할지라도 서 있는 삶의 자리에서

작은 빛이라도 발하며 살게 해주십시오. 아멘.

28

하나님,

어느 순간부터 우리는 사람들을 대할 때

배우려 하기보다는 가르치려는 태도를 보입니다.

무시당하고 싶지 않다는 생각이

그렇게 표현되는 것인지도 모르겠습니다.

학생 정신을 잃어버리는 순간

우리 영혼의 퇴락이 시작됨을 잊지 않게 해주십시오.

예수님과 함께 지내며 주님과

일상을 공유했던 제자들이 부럽습니다.

말씀을 넘어 존재 그 자체를 느낄 수 있었을 테니 말입니다.

날마다 주님의 발치 앞에 엎드려 배우게 해주시고,

주님이 머무셨던 아픔의 현장으로 발걸음을

옮길 수 있도록 우리를 이끌어 주십시오. 아멘.

하나님,

밀물과 썰물이 갈마들면서도

언제나 푸른 생명의 바다를 바라봅니다.

오는 것이 있으면 가는 것도 있는 법입니다.

오고 감이 생명의 이치이지만 우리는

그것을 거스르며 살고 있습니다.

떠나보내야 할 것을 떠나보내지 못하고,

마음을 다하여 맞이해야 할 것을 맞이하지 못하는

게으름으로 인해 삶이 누추해졌습니다.

우리도 주님을 찬미하는 이들의 모임에 합류하고 싶습니다.

이제부터라도 마음을 깨끗하게 닦고,

삶으로 주님을 증언하며 살겠습니다.

이런 우리의 결심이 흐려지지 않게 붙들어주십시오. 아멘.

당신은 바다에

많은 길을   내시어도

하나님,
사람은 자기 마음의 주인이 아닌 것 같습니다.
좋은 사람이 되고 싶고, 담백한 사람이 되고 싶지만
늘 남의 눈을 의식하며 살기에
우리는 자유롭지 못합니다.
사람을 의식하지 않고 살 수는 없는 노릇이지만,
그들의 시선만 의식하다가는
우리는 위선자가 될 수밖에 없습니다.
주님의 마음을 품고 사는 새사람이 되고 싶습니다.
마음 깊은 곳에서 우러나온 사랑으로
사람들을 대하며 살게 해주십시오. 아멘.

하나님,

삶이 권태롭다고 느낄 때마다

뭔가 새로운 사건이 벌어지기를 기대합니다.

하지만 수첩을 바꾸고,

벽에 새로운 달력을 건다고 하여

시간이 새로워지지는 않습니다.

옛 삶과 결별하지 않는 한 새로운 시간은

이미 낡은 시간일 수밖에 없으니 말입니다.

부끄러웠던 삶을 주님 앞에 온전히 내려놓습니다.

그리고 설렘으로 우리에게 주어진 시간을 맞이하겠습니다.

주님이 우리를 어디로 이끄시든

감사함으로 따라가겠습니다. 아멘.

많은 길을　　　　내시어도

우리를 생명 살림의 일꾼으로 삼아주십시오

하나님, 건물 사이를 휘돌아 오는 바람이 차갑습니다. 얼음 우는 소리를 들으며 잠을 청하던 어린 시절이 그립습니다. 논두렁에 불을 놓아 젖은 옷과 양말을 말리던 친구들, 솔가지를 꺾어 들고 불이 번지지 못하게 지키고, 불에 타 구멍 난 양말을 보며 울상을 짓던 벗들의 그 발간 얼굴이 그립습니다.

삼동(三冬)의 한복판을 지나고 있지만, 한강은 더 이상 얼지 않습니다. 새끼줄로 감발을 치고 꽁꽁 언 강을 건너던 이들은 어느 세월의 뒤안길을 걷고 있습니까? '잘살아 보세'라는 노랫소리가 강토를 뒤흔들면서 사람들은 저마다 뭔가에 쫓기며 살고 있습니다. 누군가의 따스한 온기가 그리워 벗을 찾아갔다가도 '바쁘다'는 말을 듣고 돌아서야 할 때가 많습니다. 이전보다 살림살이의 형편은 나아졌지만, 거리를 걷는 사람들의 표정은 마치 마법에라도 걸린 듯 밝지 않습니다. 하늘을 우러르며 별을 헤아리는 이를 만나기도 어렵습니다. 사람들은 마치 미열에 들뜬 듯 풍요의 환상으로 인해 목이 마릅니다.

주님은 때를 따라 모든 것을 아름답게 지어주셨건만, 분주한 우리는 그것을 누릴 여유가 없습니다. 대지가 터뜨리는 경탄인 연둣빛 새싹이나 꽃망울을 보면서도 가슴이 설레지 않습니다. 바람 앞에서 설레지 않는 자는 죽은 자가 아닙니까?

이제는 잠시 멈추어 서고 싶습니다. 하지만 멈추는 순간 뒤 처질지 모른다는 강박관념이 우리를 놓아주지 않습니다. 주님, 어찌해야 합니까? 주님은 하늘 아버지께 일용할 양식을 청하라고 하셨습니다. 물론 세상에는 일용할 양식 걱정에 목이 메는 이들이 있습니다. 하지만 지금 우리에게 필요한 것은 일용할 양식이 아니라 일용할 배고픔입니다. 못 먹어서 문제가 아니라, 너무 먹어서 문제입니다. 굳은 빵과 소박한 스프를 앞에 두고 두 손을 모아 기도하는 이의 간절함이 우리에게는 없습니다.

캐테 콜비츠의 판화에 등장하는 어린이들이 떠오릅니다. 전쟁으로 부모를 잃고, 음식을 찾기 위해 거리를 떠돌다가 배급소 앞에 이르러 접시를 받쳐 들고 한 끼를 구걸하는 아이들의 퀭한 눈망울은 우리의 양심을 꿰뚫는 주님의 시선입니까? 주님, 우리에게 일용할 배고픔을 주십시오. 그래서 굶주린 이들의 사정을 헤아리게 해주시고, 그들과 음식을 나

당신은 바다에

많은 길을   내시어도

누는 것이 참으로 잘 먹는 것임을 깨닫게 해주십시오.

주님, '보다 많이, 보다 편리하게'를 모토로 하는 자본주의의 노래는 항해자들을 유혹해 죽음에 이르게 하던 세이렌의 노랫소리가 아닙니까? 세이렌이 살던 섬은 실상은 죽음의 섬이었습니다. 남극과 북극의 빙하가 녹아내리고, 킬리만자로의 만년설이 녹아내리고, 해수면이 높아지면서 남태평양의 많은 섬들이 물에 잠길 위기에 처해 있습니다. 생물종들은 속절없이 멸종의 길로 내몰리고 있습니다. 사막이 늘어나면서 호수에 의존해 살던 사람들이 삶의 터전을 잃어가고 있습니다. 해마다 내몽골과 고비 사막에서 불어오는 황사가 예사롭지 않습니다.

세상 도처에서 벌어지는 기상 이변은 초록별 지구가 중병에 걸려 있음을 보여줍니다. 돈을 '맘몬'이라 부르셨던 주님, 하나님이 만드신 동산의 정원사로 부름 받은 사람이 "너희가 신처럼 되리라"는 뱀의 유혹에 굴복한 이후 땅은 사람으로 말미암아 신음하고 있습니다. 도처에서 들려오는 분쟁과 테러와 전쟁은 밑바닥에는 소유와 지배에 대한 저열한 욕망이 놓여 있음을 봅니다. 주님은 서로 먹여주고 돌봐주고 설 땅이 되어주라고 하셨지만 우리는 "내가 내 아우를 지키는 자입니까?"라고 항변하고 있습니다.

세상에 죄악이 깊어감을 보시고 사람 지으신 것을 후회하셨던 주님, 주님의 그 마음을 헤아리지 못하고 여전히 반역의 길을 걷고 있는 우리를 불쌍히 여겨주십시오. 이제는 돌이키게 해주십시오. 시간은 불가역적이지만, 마음은 변화될 수 있음을 믿습니다. 욕망의 넓은 길에서 벗어나 절제의 좁은 길을 택할 용기를 우리 속에 심어주십시오.

주님, 자동차가 주는 편리함에 중독된 몸은 걷기를 싫어합니다. 몸이 게을러지자 마음도 덩달아 게을러졌습니다. 발이 땅에서 떨어진 것처럼 겅중거리며 살지만 정작 무엇을 위해 그리도 허둥대며 사는지는 알지 못합니다. 이제는 편리함의 종살이로부터 벗어나고 싶습니다. 우리에게 불편함을 선택할 수 있는 용기를 주십시오. 자동차를 운전할 때는 시야가 좁아질 수밖에 없습니다. 그리고 아무도 만날 수 없습니다. 차에서 내려 걸으면서, 정겨운 이웃과 들꽃과 바람, 그리고 햇살이 되어 다가오시는 주님과 만나게 해주십시오.

삶이 덧없다고 느낄 때마다 다섯 가지 색이 사람의 눈을 멀게 하고 다섯 가지 소리가 사람의 귀를 먹게 하고, 다섯 가지 맛이 입맛을 잃게 한다는 말이 떠오릅니다. 정보의 홍수 속에 살면서도 우리 영혼을 살찌워줄 말씀과 만나지 못해 우리 영혼은 파리합니다. 이제는 많은 것을 알려고 하기보다는 아는 만큼 살아갈 수 있게 해주십시오. 남들만큼 소유하고 즐기며 살려 하기 전에 이미 은총으로 주어진 것들

당신은 바다에

많은 길을   내시어도

을 한껏 누리며 살게 해주십시오.

주님, 입춘을 향해 가고 있는 오늘 문득 우리가 봄을 맞이할 수 있을까 하는 불길한 생각이 들었습니다. 봄이 되어 새싹이 돋아나는 것도, 짝을 찾는 새들의 지저귐을 듣는 것도, 당연한 것이 아니라 은총임을 깨닫습니다. 가난하고 소외된 이들의 신음소리를 "당신의 나라가 임하소서"라는 기도로 들으시는 주님, 시화호에서, 새만금에서, 태안에서 속절없이 죽어간 뭇 피조물들의 신음소리를 듣고 마음 아파하시는 주님, 초록별 지구를 되살리는 데 필요한 일꾼을 찾으시는 주님, 우리가 여기 있습니다. 우리를 생명 살림의 일꾼으로 삼아주십시오. 아멘.

기도와 저항과 공동체

"평화를 만드는 일을 하지 않고는 아무도 그리스도인이 될 수 없다."(《기도하라 저항하라》, 21쪽)

"저항은 그것이 무엇이든 간에 모든 죽음의 세력에 대해 '아니오'라고 말하는 것, 그 결과 우리가 만나는 것이 어떤 모습이든지 상관없이 모든 생명에 대해 '예'라고 말하는 것을 의미한다."(《기도하라 저항하라》, 77쪽)

여기 한 사람이 있다. 그는 마틴 루터 킹 목사와 그 동료들이 미국 시민권 운동의 전환점으로 만든 셀마에서 진행된 영웅적 행진에 참여하기 위해 미국 남부로 내려갔다. 1970년대에는 반전집회에서 연설했고, 코네티컷의 트라이던트 핵잠수함 해군 기지에서 벌어진 철야 평화 집회에 지속적으로 참여했다. 1980년대에는 내전이 벌어지고 있던 니카라과와 과테말라에 가서 전투가 벌어지는 지역을 찾아다니며 레이건 대통령의 저강도 전쟁 전략과 핵무기 경쟁을 비판하

당신은 바다에

많은 길을   내시어도

는 연설을 했고, 네바다의 핵실험 장소에서 벌어진 항의 집회에도 참여했다. 그는 제1차 걸프전 전날인 1991년 1월 14일 저녁, 워싱턴에 모인 수천 명의 시위대 앞에서 임박한 전쟁을 거부하고 평화를 선택할 것을 촉구하는 내용의 연설을 했다. 그는 또 지인에게 보낸 편지에서 전쟁과 무기에 반대하는 비폭력 저항을 분명하게 하기 위해 구속과 투옥의 위험을 감수할 수 있다고 썼다.(11-13쪽에 나오는 존 디어 신부의 소개글 중에서)

이쯤 되면 우리 머리에는 즉시 '좌파'라는 말이 떠오른다. 불순분자, 사회에 혼란을 가져오는 자, 데모꾼… 그런데 그는 우리에게 전혀 다른 얼굴로 알려졌다. 예일대학과 하버드대학의 교수직을 버리고 캐나다에 있는 라르슈 공동체에 들어가 중증 장애인들을 돌보다가 1996년 홀연히 세상을 떠난 영성신학의 대가, 헨리 나우웬 신부가 바로 이야기의 주인공이다. 헨리가 전해주는 라르슈 공동체 이야기는 우리에게 가난한 이들과 함께한다는 것이 무엇을 의미하는지를 깨닫게 해준다. 헨리는 라르슈 공동체는 말이 아닌 몸을 토대로 하고 있다고 말한다. 이 공동체를 건설하고 있는 것은 먹이고 씻기고, 어루만지고, 붙들어주는 일이다. 그렇기에 라르슈에서 몸은 말이 수렴되는 자리이다. 그는 자신이 여전히 육화를 온전히 생활화하지 못하고 있다며 스스로를 자책한다.

"아직도 나는 식탁을 차리고, 천천히 식사하고, 접시를 닦고, 다시 식탁을 차리는 일보다 훨씬 중요한 일들이 있다고 생각한다. 아직도 나는 '그래, 분명히 먹어야 하지만, 중요한 것은 먹은 후에 하는 일이다.' 하고 생각한다."(《새벽으로 가는 길》, 193쪽)

이렇게 연약한 이들 속에 머물면서 끊임없이 자신을 성찰하는 이의 모습과 정부 정책에 항의하는 집회에 자주 참여하는 실천가의 모습을 일치시키기란 여간 어려운 일이 아니다. 하지만 그가 생의 과정 속에서 드러내고 있는 그 두 가지 지향은 서로 길항하지 않는다. 그 두 가지 지향의 밑절미에는 예수가 있다. 백향목으로 상징되는 제국과 지배에 맞서 겨자풀의 나라를 가르쳤던 예수, 그에게는 신앙적 실천과 정치적 실천이 분리되지 않았다.

개인적이고 내면적인 신앙에 초점을 맞추면서도 소외된 사람들과의 연대를 소홀히 하지 않았고, 불의와 폭력, 핵전쟁의 위협에 처한 인류의 미래에 대해 깊은 관심을 기울이면서도 평화의 영성이라는 본질을 놓치지 않았다. 영성에 대한 논의는 활발하지만 대개는 탈정치적인 맥락에 국한되고 마는 한국교회의 현실 속에서 헨리 나우웬의 신앙적 실천은 시사하는 바가 자못 많다 하겠다.

당신은 바다에
많은 길을   내시어도

자기 속에 평화가 없는 사람은 평화를 이룰 수 없다. 평화를 만드는 이들에게 시급하게 요구되는 것은 전인격적인 변화이다. 평화운동이 영성운동일 수밖에 없는 이유가 여기에 있다. 나우웬은 "평화를 만드는 일에 대한 성찰을 기도, 저항, 공동체"라는 세 가지 주제를 힘주어 말한다.

"우리가 평화를 만들려면 무엇보다 먼저 평화를 증오하는 사람들이 사는 곳을 떠나 평화를 주시는 분의 집에 들어가야 한다." 주님의 집으로 들어가는 것, 그리고 거기서 사는 것이 바로 기도이다. 기도는 우리를 존재로 부르신 분에게로 돌아가는 행위이다. 평화를 위해 일하는 이들의 활동이 기도에 바탕을 두지 않을 때 쉽게 두려움에 빠지게 되고, 모질게 되게 마련이다. 하나님의 현존 안에 머무는 기도야말로 평화실천의 기본인 까닭이 여기에 있다. 자신이 받아들여지고 있고, 사랑받고 있음을 느끼지 못하는 이는 평화의 담지자가 될 수 없다.

나우웬은 세상의 모든 파괴에 대항하는 가장 강력한 항거는 핵무기나 압도적인 군사력이 우리의 안전을 보장해준다는 지배의 환상을 폭로하는 것이라고 말한다. 우리가 기도한다는 것, 즉 하나님의 집으로 들어간다는 것은 온갖 거짓된 안전이나 소속감을 벗어버리고, 모든 염려와 불안을 쫓아냄으로 지배의 환상을 타파하는 것이다.

"기도로 인해 우리는 전쟁 무기, 미사일, 잠수함이 있는 이 세상에 속해 있지 않다는 진리, 우리는 이 세상에서 이미 죽음으로써 핵 절멸조차 우리를 파괴시킬 수 없다는 그런 진리를 우리의 것으로 가질 수 있게 된다.⋯ 기도에서 우리는 죽음의 공포를 소멸시킴으로써 모든 인간적 파괴의 기초를 무너뜨린다."《기도하라 저항하라》, 63–4쪽)

기도는 평화를 만드는 행동을 통해 가시화되어야 한다. 그러나 많은 기독교인들이 저항이라는 말을 불편하게 생각한다. 하지만 하나님의 통치를 지향한다고 말하면서 하나님의 뜻에 역행하는 현실에 대해 저항하기를 포기한다는 것은 형용모순에 지나지 않는다. 저항이란 죽음의 세력에 대한 '아니오'인 동시에 모든 생명에 대한 '예'이다.

나우웬이 특별히 심각하게 직시하고 있는 것은 핵전쟁의 위협 속에 있는 인류이지만, 그의 시선은 더 깊은 곳을 향하고 있다. 그는 핵전쟁을 가능케 하는 심성의 씨앗이 우리의 일상 속에서 이미 뿌려지고 있음을 지적한다. 동료 인간에 대해 딱지를 붙이고, 범주로 나누고, 거리를 두는 행위 속에서 전쟁은 이미 시작되고 있다는 것이다. 게임과 영화 그리고 현실은 폭력과 파괴와 죽음이 결코 낯설지 않은 일상임을 자각케 한다. 이런 파괴적 문화에 대해 '아니오'라고 말

당신은 바다에

많은 길을   내시어도

하는 것이야말로 평화운동가들의 과제임은 말할 것도 없다.

평화를 만드는 일은 혼자서는 할 수 없다. 지속적이고 충실한 저항을 위해서는 공동체의 지원이 필요하다. 하지만 공동체는 단순히 보호하는 역할 이상의 것을 제공해야 한다. 그곳은 새 하늘과 새 땅이 처음으로 현실화되는 곳이어야 한다. 바울은 교회를 가리켜 그리스도의 몸이라 했다. 그리스도교 공동체는 우리를 고립시키는 두려움의 장벽들을 지속적으로 허물면서 "고백과 용서를 통해 예수 그리스도의 힘이 드러나고 경축되는 약한 자들의 충실한 친교"가 이루어지는 곳이다.

하지만 그러한 공동체는 시대에 따라 각기 다른 요청 앞에 서곤 했다. 6세기의 성 베네딕토를 통해 수립된 공동체는 로마제국의 멸망에 대해 응답하고 중세 유럽에 새로운 사고와 삶의 양식을 제시했다. 13세기 프란치스칸 공동체는 중세 교회의 부와 타락에 대응하여 복음적인 삶을 지향하는 새로운 기풍을 수립했다. 16세기의 종교개혁자들에게서 영감을 받은 여러 공동체들은 르네상스 이후 시대의 문제에 대응하기 위한 전략을 만들어냈다. 그렇다면 우리 시대가 그리스도인 공동체에게 요구하는 바는 무엇인가?

이 물음에 대한 나우웬의 대답은 단순명료하다. 인류의 문화와 역사까지도 멸절시킬 수 있는 시대, 집단적인 자살의 위협에 직면한 시대와 그 시대 정신을 향해 '아니오'라고 말하는 것이 중요하다. 그러나 더 중요한 일은 새로운 희망의 공동체를 만드는 일이다. 우리 자신의 분노와 욕망, 적대감 그리고 서로에 대한 폭력을 고백하며, 거듭해서 서로에 대한 하나님의 용서를 베풀 때 그런 공동체는 자리잡기 시작한다. 자신의 힘이 아니라 하나님의 힘을 신뢰하는 공동체라야 어둠의 세력에 진정으로 대항할 수 있다.

라르쉬 공동체를 세웠던 장 바니에 신부는 우리들 속에는 빛으로 변화되어야 할 어둠과 신뢰로 변해야 할 두려움이 있다고 말했다. 저항의 공동체는 바로 이러한 변화의 모체가 되어야 한다.

평화의 길은 결코 쉬운 길이 아니다. 그리고 결과를 예측할 수도 없다. 하지만 그것은 우리가 만들어야만 할 길이고, 걸어야만 할 길이다. 지금 세상은 한국교회를 향해 권력의 패권에 투항했다고 말하고 있다. 한국교회에게 시급한 과제는 교세 확장이 아니라 평화로운 세상을 향한 헌신이고, 저항공동체로서의 야성회복이다. 탈정치화된 복음이 판을 치는 세상에서 우리 시대의 저명한 영성신학자 헨리 나우웬은 죽음을 향해 '아니오'라고 말하고 생명을 향해 '예'라고 담대하게 말하는 이들을 부르고 있다.

당신은 바다에

많은 길을   내시어도